© 1982 by Verlag Aenne Burda, Offenburg
Nachdruck, auch auszugsweise,
ohne ausdrückliche Genehmigung
des Verlages nicht gestattet.
Redaktion: Friederike Mathias
burda Kochstudio: Ernst Birsner
burda Fotostudio: Gerd Feierabend
Grafische Gestaltung: Ulrich Hagen Müller
Einbandgestaltung: Norbert Schäfer
Projektleitung: Helga Burg
Druck: Reiff-Druck, Offenburg
Printed in West Germany

ISBN 3-920 158-71-7

# burda

# KLEINE FEINE KÜCHE

## KÖSTLICH, LEICHT UND KULINARISCH

## INHALT

| | |
|---|---|
| Vorwort | 6– 7 |
| Köstlich und delikat: Feine Suppen | 8– 19 |
| Ausgefallen und exotisch: Cocktails & Salate | 20– 39 |
| Heiß und verführerisch: Toasts & Gratins | 40– 51 |
| Für Kenner: Kleine, lukullische Köstlichkeiten | 52– 79 |
| Für Genießer: Mahlzeiten, raffiniert und erlesen | 80–103 |
| Für fröhliche Feste: Häppchen und kalte Platten | 104–123 |
| Krönender Abschluß: Süße Desserts | 124–137 |
| Ratgeber für den Einkauf | 138–141 |
| Alphabetisches Rezeptverzeichnis | 142–144 |

# KLEINE KÜCHE – FEINE KÜ

Was ist das eigentlich? Heißt „Kleine Küche" zugleich einfache Küche mit wenigen, preiswerten Zutaten, schneller Zubereitung und geringem Anspruch? Und heißt „Feine Küche" zugleich umständliche Küche mit vielen, teuren Zutaten, zeitraubender Vorbereitung und höchster Feinschmeckerqualität?

Nun, die kleine, feine Küche besitzt von allem etwas. Sie ist die Essenz der gesamten Kochkunst. Jahrhundertelang hat sie listig in Kochtöpfe und Pfannen geguckt und kannte dabei keinen Unterschied zwischen Palästen und Bürgerhäusern. Sie suchte nicht die große Tafel mit unzähligen Gängen und schweren Essen. Sie war nur auf eines erpicht: Den guten Einfall, der, in ein köstliches Gericht verwandelt, alle Leckermäuler in Begeisterung versetzen konnte. So hat sich Altes, Bewährtes erhalten – Neues, Ungewöhnliches ist dazugekommen.

Der gute Einfall ist auf allen Gebieten der Kochkunst zu finden, von der Vorspeise bis zum Dessert. Man muß also notgedrungen eine ganze Reihe von Kochbüchern studieren, um für den persönlichen Anlaß das passende kleine, feine Gericht aufzuspüren. Dieses Buch erspart die Mühe, denn es vereinigt die Rezepte besonderer Leckerbissen aus verschiedenen Bereichen. Da steht das Komplizierte neben dem Einfachen. Man findet hier ebenso delikate Pasteten wie auch einen schlichten Salat mit besonderem Pfiff. Es gibt luxuriöse Kaviarschnitten, aber auch belegte Brote. Gemeinsam ist allen Rezepten das Außergewöhnliche, das den Feinschmeckern ein anerkennendes „Mmmmmhh" entlockt.
In einem besonderen Kapitel wird „Die kleine Köstlichkeit" vorgestellt. Hier regiert ausschließlich der kulinarische Einfall, der zu allen Zeiten die Herdfeuer anzündete. Diesen Abschnitt sollte man aufschlagen, wenn man das Exquisite für die Überraschung „zwischendurch" oder die Ergänzung zu einer Mahlzeit sucht oder wenn man etwas Außergewöhnliches auf den Tisch bringen will.
Große Braten, vollständige Menüs sind in diesem Buch nicht enthalten. Mit ihnen hat „Die kleine, feine Küche" nichts zu tun. Dafür bedenkt sie besonders aufmerksam „Die kleine, feine Mahlzeit". Das sind Gerichte zum Sattwerden, die ohne Kartoffeln, Reis und andere Beilagen auskommen. Doch auch in allen anderen Kapiteln findet man Rezepte, die sich nicht nur als kleiner Imbiß oder Zwischengang eignen. Durch Erweitern und Kombinieren der einzelnen Vorschläge ist es nicht schwer, eine geschlossene Speisenfolge zusammenzustellen.
Für das Gelingen der „Kleinen, feinen Küche" ist nicht entscheidend, ob man drei Stunden oder zehn Minuten am Herd steht, ob man den Geldbeutel strapaziert oder schont – entscheidend sind zwei Zutaten, die nie fehlen dürfen: Fantasie und Liebe zum Kochen.

Bunte Suppe ,,Hongkong''
Rezept nächste Seite

Aus der feinen Küche ist die Suppe nicht wegzudenken, man lernt sie immer wieder von neuem schätzen. Sie ist sowohl glanzvoller Auftakt und Appetitanreger eines festlichen Essens als auch eigenständige Mahlzeit für den kleinen Hunger.

Köstlich und delikat:
# Feine Suppen

# Bunte Suppe „Hongkong"

4 Portionen à ca.
815 kJ (195 kcal)

**6 getrocknete chinesische Morcheln,
75 g Glasnudeln,
1 Zucchini (ca. 125 g),
½ kleiner Chinakohl,
2 Möhren,
¾ l Hühnerbrühe,
250 g beliebiges Fischfilet,
Saft von ½ Zitrone,
200 g Sojabohnensprossen aus der Dose,
1 Eßl. Sojasoße,
2 Eßl. trockener Sherry (Fino),
1 Messerspitze Ingwerpulver.**

(Foto Seite 8/9)

Getrocknete Morcheln mit reichlich kochendem Wasser übergießen und mehrere Stunden stehen lassen, bis sie auf das 4–5fache des ursprünglichen Volumens aufgequollen sind. Dann gründlich waschen, um auch die letzten Schmutzteilchen zu entfernen.
Die Glasnudeln in reichlich Wasser 15 Minuten einweichen.
Zucchini und Chinakohl waschen, den Stengelansatz bzw. Strunk entfernen, Möhren putzen. Gemüse in Scheiben bzw. Streifen schneiden.
Hühnerbrühe aufkochen, das Gemüse und die abgetropften Morcheln hineingeben und 10 Minuten kochen lassen.

In der Zwischenzeit das Fischfilet säubern, die restlichen Gräten entfernen. Fisch in große Würfel schneiden, mit Zitronensaft beträufeln und 10 Min. marinieren.
Sojabohnensprossen in einem Sieb abtropfen lassen und zusammen mit den Fischwürfeln in die Brühe geben. Die abgetropften Glasnudeln in mundgerechte Stücke schneiden, in die Suppe geben, alles noch 1–2 Min. ziehen lassen.
Suppe mit Sojasoße, Sherry und Ingwer abschmecken und in vorgewärmten Tellern servieren.
Als Beilage zu der Suppe scharf-würzige indonesische Cracker reichen.

# Klare Oxtail mit Häubchen

4 Portionen à ca.
355 kJ (85 kcal)

**1 Dose Klare Ochsenschwanzsuppe (400 ml),
3 Eßl. trockener Sherry (Fino),
6 Eßl. süße Sahne,
1 Eigelb.**

Ochsenschwanzsuppe mit dem Sherry erwärmen, aber nicht aufkochen lassen.
Die Sahne sehr steifschlagen. Das Eigelb verquirlen und mit der Sahne mischen.
Die Suppe in kleine Tassen füllen und auf jede Portion einen Klecks Sahne geben. Im vorgeheizten Grill 2 Minuten bräunen lassen, dann sofort servieren.

Dazu Chesterkäsestangen reichen.
Hinweis: Für das Sahnehäubchen wird nur 1 Eigelb benötigt, das aber von großer Bedeutung ist, denn ohne dieses Eigelb würde das Häubchen beim Überbacken zusammenfallen.

# Französische Zwiebelsuppe

4 Portionen à ca.
1780 kJ (425 kcal)
**500 g Zwiebeln,
50 g Butter,
¾ l Fleischbrühe,
⅛ l trockener
Weißwein,
Salz,
schwarzer Pfeffer
aus der Mühle,
1 Prise Zucker,
4 kleine Scheiben
Weißbrot,
2 EßI. Öl,
100 g geraspelter Edamer oder Emmentaler.**

Zwiebeln schälen und sehr fein hacken oder in der Küchenmaschine zerkleinern. Butter in einem Topf zerlassen und die Zwiebeln darin goldbraun werden lassen. Die Fleischbrühe dazugießen und zugedeckt 10 Minuten köcheln lassen. Dann den Wein unterrühren. Die Suppe mit Salz, Pfeffer und einer Prise Zucker abschmekken. In eine feuerfeste Terrine oder ofenfeste Suppentassen füllen. Das Weißbrot in heißem Öl in der Pfanne anrösten. Jede Scheibe in 2 Dreiecke teilen, mit Käse bestreuen und vorsichtig auf die Suppe setzen. Im vorgeheizten Backofen (200°, Gas Stufe 3) überkrusten, bis der Käse Fäden zieht und sich leicht bräunlich färbt.
Die Suppe sofort servieren.

# Schneckensüppchen

4 Portionen à ca.
2385 kJ (570 kcal)
**1 Dose Schnecken
(24 Stück),
4 Schalotten,
2 Knoblauchzehen,
1 kleine Stange Lauch
(Porree),
125 g frische
Champignons,
75 g Butter,
1 Bund Petersilie,
¼ l Weißwein,
⅜ l Wasser,
1 Becher süße Sahne
(200 g),
Salz,
3–4 Teel. Speisestärke,
Saft von 1 Zitrone,
Worcestersauce,
3 EßI. Cognac oder
Weinbrand,
weißer Pfeffer
aus der Mühle.**

Schnecken zum Abtropfen in ein Sieb geben, dabei die Flüssigkeit auffangen. Die Hälfte der Schnecken grob hacken. Schalotten und Knoblauchzehen schälen und fein würfeln. Lauch und Champignons putzen. Den Lauch streifig, die Champignons blättrig schneiden.
Die Butter in einem Topf erhitzen, das Gemüse darin 3–4 Minuten unter Rühren dünsten.
Die Petersilie waschen, mit Küchenkrepp trockentupfen und hacken. Mit den ganzen und den zerkleinerten Schnecken zum Gemüse geben und alles noch 3 Minuten dünsten. Schneckenbrühe, Wein, Wasser, Sahne und Salz zufügen. Alles 5 Min. köcheln lassen.
Die Suppe mit angerührter Speisestärke binden und mit Zitronensaft, Worcestersauce, Cognac, Salz und Pfeffer abschmecken. In vorgewärmten Suppentassen servieren.
Dazu Weißbrot oder Blätterteig-Fleurons reichen.

**Tip** *Zum Überbacken 2 Eigelb unter 1 Tasse geschlagene süße Sahne ziehen und auf die Suppentassen verteilen. Mit 2 Teel. geriebenem Käse bestreuen und goldgelb überbacken.*

# Bouillon mit buntem Eierstich

4 Portionen à ca.
650 kJ (155 kcal)

1 kg Rinderknochen,
1½ l Wasser,
500 g Ochsenfleisch,
1 kleine Sellerieknolle,
1 Stange Lauch
(Porree),
2 Möhren,
1 Petersilienwurzel,
4 schwarze
Pfefferkörner,
Salz,
Butter zum Einfetten,
5 Eier,
5 EßI. süße Sahne,
schwarzer Pfeffer
aus der Mühle,
1 EßI. fein pürierter
Spinat aus dem
Babyglas,
geriebene Muskatnuß,
1 EßI. Tomatenmark,
Paprika edelsüß,
2 EßI. Möhrenpüree
aus dem Babyglas,
1 Prise Zucker,
Ingwerpulver,
2 EßI. Rote-Bete-Saft,
1 Eiweiß,
3 EßI. Schnittlauch-
röllchen.

Rinderknochen mit 1½ l Wasser 1 Stunde kräftig kochen.
Das Ochsenfleisch in grobe Stücke schneiden. Die Sellerieknolle, den Lauch, die Möhren und die Petersilienwurzel putzen, waschen und unzerschnitten in der Brühe zusammen mit den Fleischstücken, den Pfefferkörnern und etwas Salz eine weitere Stunde bei mittlerer Hitze köcheln lassen. Dabei den sich bildenden Schaum abschöpfen. Dann Gemüse und Fleisch herausnehmen, die Brühe beiseite stellen und erkalten lassen.
Für den Eierstich 5 Tassen einfetten.
1 Ei aufschlagen, mit 1 Eßlöffel süßer Sahne verrühren, mit Salz und Pfeffer abschmecken und die erste Tasse damit füllen.
Für die zweite Tasse 1 Ei mit 1 Eßl. Sahne, Spinat, Salz, Pfeffer und etwas Muskatnuß verrühren und einfüllen.
Für die dritte Tasse 1 Ei mit 1 Eßl. Sahne, Tomatenmark, Salz, Pfeffer, 1 Prise Paprika verrühren und einfüllen.
Für die vierte Tasse 1 Ei mit 1 Eßl. Sahne, Möhrenpüree und 1 Prise Ingwerpulver verrühren und einfüllen.

Für die fünfte Tasse 1 Ei mit 1 Eßl. Sahne, Rote-Bete-Saft und 1 Prise Pfeffer verrühren und einfüllen.
Die Tassen in einen Topf stellen. Soviel kochendes Wasser einfüllen, daß es bis 2 cm unter die Tassenränder reicht. Den Topf in den vorgeheizten Backofen (175°, Gas Stufe 2) stellen und den Eierstich ca. 25 Minuten stocken lassen.
Das erstarrte Fett von der kalten Fleischbrühe abnehmen. Ein Eiweiß steifschlagen und in die Brühe geben. Unter ständigem Schlagen mit dem Schneebesen die Brühe einmal aufkochen und dann beiseite stellen. Nach einigen Minuten den Schaum von der Oberfläche abheben und die Bouillon durch ein mit einem Mulltuch ausgelegtes Haarsieb in einen zweiten Topf gießen.
Eierstich auf einen Teller stürzen und in Würfel schneiden. Auf vorgewärmte Teller verteilen und die noch einmal erhitzte Fleischbrühe darüberfüllen. Mit Schnittlauchröllchen bestreuen.
Dazu Stangenweißbrot oder frisch gerösteten Toast reichen.

Bouillon mit buntem Eierstich

Fenchelsuppe „Ostia"
Rezept Seite 14

# Fenchelsuppe „Ostia"

4 Portionen à ca.
1295 kJ (310 kcal)
**2 Fenchelknollen,
2 Zwiebeln,
50 g Butter,
¼ l Milch,
½ l helle Knochenbrühe oder Wasser,
Salz,
weißer Pfeffer
aus der Mühle,
2 Eier,
4 gehäufte Teel.
Speisestärke.**

(Foto Seite 13)

Fenchelknollen putzen, waschen und ein paar zarte Krautspitzen beiseite legen. Die Zwiebeln schälen. Fenchel und Zwiebeln in feine Ringe schneiden.
In einem Stieltopf die Butter erhitzen und die Gemüseringe darin 5 Minuten zugedeckt dünsten, bis sie hellgelb sind. Milch sowie Brühe oder Wasser zugießen, mit Salz und Pfeffer abschmecken. Die Suppe ca. 20 Min. zugedeckt bei mittlerer Hitze kochen lassen.
Eier und Speisestärke im Mixer verquirlen, die Hälfte der Suppe dazugeben und das Gemüse bei höchster Schaltstufe zerkleinern. Zurück in den Topf zur übrigen Suppe gießen und unter ständigem leichten Schlagen mit dem Schneebesen so lange erhitzen, bis die Suppe cremig ist. Sie darf jedoch nicht aufkochen. Das frische Fenchelkraut fein hacken und die Suppe dann unmittelbar vor dem Servieren damit bestreuen.
Dazu Weißbrot und Käsestangen reichen.

# Suppe „Diana"

4 Portionen à ca.
1465 kJ (350 kcal)
**500 g Wildgulasch,
2 Eßl. Öl,
2 Zwiebeln,
1 Bund Suppengrün,
1¼ l milde Brühe
(Wild- oder
Kalbsknochen),
4 Wacholderbeeren,
1 Lorbeerblatt,
schwarzer Pfeffer,
50 ccm trockener
Sherry (Fino),
1 Eßl. Mehl,
⅛ l süße Sahne,
1 Eßl. Zitronensaft,
Salz,
1 Prise Zucker.**

Wildfleisch in mundgerechte Stücke schneiden und in heißem Öl kräftig anbraten.
Die Zwiebeln würfeln und mit dem geputzten, kleingeschnittenen Suppengrün zu dem Fleisch geben und kurz mitbraten. Dann die Brühe und zerstoßene Wacholderbeeren, Lorbeerblatt und schwarzen Pfeffer aus der Mühle zufügen und alles bei mittlerer Hitze 1 Stunde kochen.
Die Suppe etwas abkühlen lassen, anschließend im Mixer pürieren. Wieder in den Topf füllen und mit dem in Sherry angerührten Mehl binden. Noch einmal 10 Minuten leicht kochen, die Sahne unterziehen und die Suppe mit Zitronensaft, Salz und einer Prise Zucker abschmecken.
Dazu passen kleine Toastscheiben mit Maronenpüree.

# Consommé double

4–6 Portionen à ca. 105 kJ (25 kcal)

**3 Rinderknochen,
2 Markknochen,
1½ l Wasser,
3 Möhren,
1 kleine Sellerieknolle,
1 Stange Lauch (Porree),
1 Petersilienwurzel,
Salz,
6 schwarze Pfefferkörner,
1 kg Beinfleisch vom Rind,
1 Zwiebel,
1 Lorbeerblatt,
schwarzer Pfeffer aus der Mühle,
2 Eiweiß mit Eischalen.**

Knochen in einen großen Topf legen, mit kaltem Wasser bedecken und zum Kochen bringen. Den sich dabei bildenden Schaum abschöpfen. Gemüse bis auf 1 Möhre putzen, waschen, in große Stücke schneiden und mit Salz und Pfefferkörnern zu den Knochen geben. Im geschlossenen Topf 2–3 Std. bei nicht zu starker Hitze kochen lassen. Kalt stellen.
Beinfleisch in Stücke schneiden, zu der erkalteten, abgefetteten Knochenbrühe geben, kurz aufkochen. Mit der geputzten Möhre und der geschälten, halbierten Zwiebel, dem Lorbeerblatt, Salz und Pfeffer 1½ Std. köcheln lassen.
Dann die Brühe durch ein Sieb in einen zweiten Topf gießen. Das leicht geschlagene Eiweiß und die zerbröselten Eischalen dazugeben, durch die alle verbliebenen Fleischteilchen gebunden werden. Die Brühe unter häufigem Schlagen mit dem Schneebesen aufkochen und noch 10 Minuten weiterkochen lassen. Den sich dabei bildenden Schaum abheben.
Vor dem Servieren die Suppe durch ein mit einem Mulltuch ausgelegtes Haarsieb in eine Terrine gießen.

Dazu frisch gerösteten Toast oder Stangenweißbrot reichen.
Hinweis: Bei der Consommé double – sofern sie nach original französischen Maßstäben zubereitet wird – beträgt das Verhältnis zwischen Fleisch und Garflüssigkeit immer 2:5 (z. B. 200 g erstklassiges Fleisch auf 1 l Wasser). Im gleichen Mischungsverhältnis werden auch Wildkraftbrühen, Fischbouillons und ganz feine Geflügelkraftbrühen zubereitet.
‚Consommé de gibier' ist die küchenfranzösische Bezeichnung für Wildkraftbrühen. Geflügelkraftbrühen findet man unter der Bezeichnung ‚Consommé de volaille'. Fischbrühen, die wirklichen Hochgenuß versprechen, sind ‚Consommés de poisson', die allerdings auch für ganz zarte Fischgerichte als Dünst- oder Pochierflüssigkeit dienen.

**Tip** *Die Consommé ist die klassische klare Fleischbrühe von einmalig kräftig-aromatischem Geschmack, die nach Belieben heiß, eisgekühlt oder geliert serviert wird. Ein kleiner Schuß trockener Sherry (Fino) macht die Suppe noch etwas pikanter.*

# Spargelsuppe „Feinschmecker"

4 Portionen à ca.
5325 kJ (1275 kcal)
**2 Scheiben TK-Blätterteig,
je 200 g weißer und grüner Spargel,
1 Prise Zucker,
1½ EBl. Butter,
⅛ l Weißwein,
1 Teel. Fleischbrühe (Instant),
geriebene Muskatnuß,
weißer Pfeffer aus der Mühle,
1 Eigelb,
1 EBl. Kondensmilch.**

Blätterteig nach Packungsangabe auftauen lassen. Weißen Spargel bis ca. 2 cm unterhalb der Köpfe, grünen Spargel erst ab der unteren Hälfte schälen. Jede Sorte für sich mit festem Garn zusammenbinden.
In einem Topf Salzwasser mit Zucker und einem Stückchen Butter zum Kochen bringen und den Spargel hineinlegen. Weißen Spargel ca. 25 Minuten, grünen Spargel ca. 15 Minuten kochen. Spargel mit einer Schöpfkelle vorsichtig herausheben und in Stücke schneiden. ½ l Spargelbrühe, 1 EBl. Butter, Weißwein und Fleischbrühe (Instant) kurz aufkochen, mit Muskatnuß und Pfeffer abschmecken. Spargelstücke und Brühe in vier feuerfeste Suppentassen füllen. Blätterteigplatten halbieren und jedes Quadrat zur doppelten Größe ausrollen. Eigelb mit der Kondensmilch verquirlen und die äußeren Suppentassenränder damit bestreichen. Jede Suppentasse mit einer Teigplatte belegen, Teighauben über den Suppentassenrand ziehen und fest andrücken. Den Blätterteig mit dem Rest der Eimilch bepinseln. Suppentassen in den vorgeheizten Backofen (200°, Gas Stufe 3) stellen und die Suppe 20 Minuten überbacken. Herausnehmen und sofort servieren.

# Mulligatawny

(Indische Hühnersuppe)
6–8 Portionen à ca.
3240 kJ (775 kcal)
**1 ausgenommenes Suppenhuhn (ca. 1200 g),
Salz,
1 kleine Sellerieknolle,
4 Möhren,
3 mittelgroße Lauchstangen,
1 Petersilienwurzel,**

Suppenhuhn waschen und mit Küchenkrepp außen und innen trockentupfen. Das Huhn innen mit Salz einreiben.
Die Sellerieknolle, die Möhren, den Lauch und die Petersilienwurzel putzen und waschen. Die Zwiebeln und den Apfel schälen. Den Apfel vierteln und entkernen. Zwiebeln, Apfel und das ganze Suppengemüse kleinschneiden.
Butter und Öl in einem großen Topf erhitzen. Das Huhn von allen Seiten darin anbraten. Das Suppengemüse mit den Zwiebeln und dem Apfel zufügen, mit Mehl bestäuben und 5 Minuten schmoren. Das Huhn mit

So wird die Suppe gegessen: Teighaube mit dem Löffel eindrücken und die Suppe mit den Teigstücken löffeln.

Spargelsuppe „Feinschmecker"

2 Zwiebeln,
1 Apfel,
20 g Butter,
1 Eßl. Öl,
1½ l Fleischbrühe,
2 Eßl. Currypulver,
5 Gewürznelken,
2 Lorbeerblätter,
⅛ l Kokosmilch
aus der Dose,
1 Eßl. Ingwersirup,
2 Eigelb,
1 Becher süße Sahne
(200 g),
schwarzer Pfeffer
aus der Mühle,
1 Prise Zucker,
Portwein zum
Abschmecken.

der Fleischbrühe begießen und den Curry, die Nelken und die Lorbeerblätter zufügen. Den Topf zudecken und die Suppe auf mittlerer Hitze 50 Min. köcheln lassen.
Das Huhn aus dem Topf nehmen und die Haut entfernen. Das Fleisch von den Knochen lösen und in mundgerechte Stücke schneiden. Die Brühe durch ein Sieb in einen zweiten Topf gießen, noch einmal erhitzen. Das Hühnerfleisch hineingeben und die Kokosmilch unterziehen.
Den Ingwersirup mit dem Eigelb und der Sahne verquirlen und in die Suppe rühren. Mit Salz, Pfeffer und Zucker abschmecken und zum Schluß mit einem Schuß Portwein verfeinern.
Dazu gibt es körnig gekochten Reis.
Hinweis: Die Mulligatawny ist ursprünglich ein indisches Gericht, das auf verschiedene Arten zubereitet wird. So kann z. B. der Reis als Beilage gereicht oder in der Suppe gegart werden.

# Kalte russische Rahmsuppe

4 Portionen à ca.
1905 kJ (455 kcal)

½ Bund Schnittlauch,
½ Bund Dill,
4 Tomaten,
1 Zwiebel,
½ Salatgurke,
½ Fenchelknolle,
6 Scheiben rote Bete
aus dem Glas,
Saft von 2–3 Zitronen,
100 g gekochter Schinken ohne Fettrand,
2 hartgekochte Eier,
4 Becher Joghurt,
¼ l Crème fraîche,
1 Teel. Salz,
2 Teel. scharfer Senf,
2 Eßl. Butter,
2 dicke Scheiben
Weißbrot,
gekühltes Mineralwasser.

Schnittlauch und Dill waschen, trockenschwenken und fein hacken. Die Tomaten ein paar Minuten in heißes Wasser legen, häuten und abkühlen lassen. Zwiebel und Gurke schälen, den Fenchel putzen. Alles zusammen mit den Tomaten, deren grüne Stengelansätze entfernt werden, und den Rote-Bete-Scheiben fein würfeln.
Das Gemüse in eine Terrine geben, den Zitronensaft darübergießen. Die Terrine für 1 Stunde in den Kühlschrank stellen.
Schinken und Eier in Würfel schneiden und zusammen mit Joghurt, Crème fraîche, Salz und Senf in die Terrine füllen und mit dem Gemüse vermengen.
In einer Pfanne die Butter erhitzen und das entrindete, in Würfel geschnittene Weißbrot darin goldbraun rösten.
Unmittelbar vor dem Servieren einen kräftigen Schuß Mineralwasser an die Suppe geben und mit dem Schneebesen einmal kurz durchschlagen. Die Brotwürfel über die Suppe streuen und sofort servieren.

# Fischsuppe „Sylt"

4 Portionen à ca.
1860 kJ (445 kcal)

**500 g beliebiges Fischfilet,
Saft von 1 Zitrone,
50 g Butter,
¹/₁₀ l trockener Weißwein,
¾ l Milch,
18 Hummerkrabbenschwänze (frisch oder tiefgekühlt),
12 Miesmuscheln aus der Dose,
weißer Pfeffer aus der Mühle,
Salz,
1 Msp. Safran,
1 Eßl. Schnittlauchröllchen.**

Fischfilet säubern und noch vorhandene Gräten entfernen. Fisch in kleine Würfel schneiden. Mit Zitronensaft beträufeln und 5 Minuten ziehen lassen. Dabei einige Male wenden.
Die Butter in einem kleinen Topf schmelzen, den Weißwein zugießen und die Fischwürfel ca. 8 Minuten darin dünsten. Etwas abkühlen lassen, dann im Mixer pürieren. In einem größeren Topf die Milch erhitzen und nach und nach die Fischcreme unterrühren. Krabbenschwänze (tiefgekühlte vorher auftauen lassen) und abgetropfte Muscheln zufügen. Die Suppe mit den Gewürzen abschmecken und noch 5 Min. ziehen lassen. In eine vorgewärmte Terrine füllen und mit den Schnittlauchröllchen bestreut servieren.
Dazu frisch gerösteten Toast und einen trockenen Weißwein reichen.
Hinweis: Safran ist sehr lichtempfindlich und muß deshalb dunkel aufbewahrt werden.

**Tip** *Den Safran in wenig heißem Wasser auflösen und dann erst die stark gelb verfärbte Flüssigkeit zur Suppe geben.*

# Beef Tea

(Rinderbouillon auf englische Art)

4 Portionen à ca.
815 kJ (195 kcal)

**250 g Beefsteakhack,
¾ l Fleisch- oder Knochenbrühe,
Salz,
1 Prise Zucker,
1 Prise geriebene Muskatnuß,
weißer Pfeffer aus der Mühle.**

Beefsteakhack in einen Topf geben und mit selbst zubereiteter klarer Fleisch- oder Knochenbrühe (siehe Seite 15 „Consommé double") bedecken, heiß werden und ½ Stunde ziehen, nicht kochen lassen.
Mit sehr wenig Salz, einer winzigen Prise Zucker, Muskat und Pfeffer abschmecken. Dann durch ein mit Filterpapier oder mit einem Mulltuch ausgelegtes Sieb in eine Schüssel gießen. Im Kühlschrank erkalten lassen. Das erstarrte Fett abheben, die Bouillon in Suppentassen füllen und kalt servieren.
Dazu Roggenbrot mit Butter reichen.
Variation: An heißen Sommertagen schmeckt Beef Tea eiskalt besonders gut. Dann wird die Suppe zusätzlich mit etwas trockenem Sherry (Fino) und einigen Tropfen Worcestersauce gewürzt.

## Ausgefallen und exotisch:
# Cocktails & Salate

Sie gehören nicht zusammen und haben doch so viel gemeinsam: die Cocktails und delikaten Salate. Die Kreationen werden immer kühner, immer interessanter, immer exotischer.

Salat ,,Excellent''
Rezept nächste Seite

# Salat „Excellent"

4 Portionen à ca.
650 kJ (155 kcal)
**16 tiefgekühlte Krebsschwänze,
375 g Prinzeßbohnen,
2 hartgekochte Eigelb,
1 Msp. milder Senf,
4 Eßl. Olivenöl,
2 Eßl. Estragonessig,
Salz,
schwarzer Pfeffer
aus der Mühle,
1 Prise Zucker,
einige Endivien- oder
Römersalatblätter.**

(Foto Seite 20/21)

Tiefgekühlte Krebsschwänze bei Zimmertemperatur auftauen lassen.
Die Bohnen putzen, waschen, in kochendem Salzwasser bei mittlerer Hitze 8 Minuten garen. Die Bohnen müssen noch beißfest sein. In ein Sieb schütten, kurz mit kaltem Wasser abbrausen und gut abtropfen lassen. Bohnen in eine Schüssel geben und mit den aufgetauten Krebsschwänzen vermischen.
Die Eigelb durch ein Sieb streichen, mit Senf, Olivenöl und Essig verrühren. Mit Salz, Pfeffer und einer Prise Zucker abschmecken.
Salatblätter waschen, trockenschwenken und auf Teller verteilen. Die Krebsschwänze und Bohnen auf den Salatblättern anordnen und die Soße darübergießen.
Dazu frisch gerösteten Toast, Butter und einen trockenen Rosé reichen.

# Feiner Wildsalat

4 Portionen à ca.
1295 kJ (310 kcal)
**400 g beliebiges,
gegartes Wildfleisch,
2 Stangen
Bleichsellerie,
1 Grapefruit,
je 100 g blaue und
helle Weintrauben,
1 Becher Crème
fraîche (200 g),
weißer Pfeffer
aus der Mühle
oder Lemon Pepper,
1 Prise Zucker,
2 Eßl. trockener Sherry
(Fino),
1 Teel. Sherryessig.**

Wildfleisch von möglichen Fettresten befreien. Das Fleisch quer zur Faser in dünne Streifen oder mundgerechte Würfel schneiden.
Den Bleichsellerie putzen und sehr fein schneiden.
Grapefruit schälen, in Segmente teilen, häuten und das Fruchtfleisch würfeln.
Die Trauben waschen, trocknen, Beeren halbieren und entkernen. Einige Hälften zum Garnieren beiseite legen. Dann Fleisch, Sellerie und Früchte miteinander vermengen.
Die Crème fraîche mit Pfeffer oder Lemon Pepper und dem Zucker würzen, den Sherry unterziehen und mit dem Sherryessig pikant abschmecken. Die Soße unter die Salatzutaten heben, gut vermischen und den Salat 1–2 Stunden durchziehen lassen.
Vor dem Servieren mit den restlichen Beerenhälften garnieren.
Dazu Roggentoast oder frisches Stangenweißbrot mit gesalzener Butter reichen.

# Grüner Spargel mit Champignons

6 Portionen à ca.
440 kJ (105 kcal)

**700 g grüner Spargel,
500 g kleine
Champignons,
2 EßI. Zitronensaft,
1 Becher Crème
fraîche (200 g),
3–4 EßI. Spargelkochwasser,
abgeriebene Schale
einer unbehandelten
Orange,
Saft von 1 Orange,
4 EßI. Weißweinessig,
Salz,
1 Prise Zucker,
weißer Pfeffer
aus der Mühle,
Radicchio- oder
Kopfsalatblätter zum
Anrichten,
1 Teel. gehackte Petersilie oder einige
Kerbelblättchen.**

Die unteren Hälften der Spargelstangen schälen. Spargel in kochendes Salzwasser legen und bei mittlerer Hitze ca. 15 Min. garziehen lassen.
Die Champignons putzen, waschen und mit Küchenkrepp trocknen, in mitteldicke Scheiben schneiden und mit Zitronensaft beträufeln, damit sie nicht braun werden.
Den gegarten Spargel mit einer Schöpfkelle aus dem Wasser nehmen, in einem Sieb abtropfen lassen und in mundgerechte Stücke schneiden.
Die Crème fraîche mit 3 EßI. Spargelkochwasser verrühren, abgeriebene Orangenschale und den Saft der Orange hinzufügen. Die Soße mit Weißweinessig abrunden und mit Salz, Zucker und Pfeffer abschmecken.
Salatblätter waschen, trockentupfen und auf einer Platte anordnen.
Die Spargelstangen und Champignons darauf verteilen. Die Orangensoße darübergießen, alles mit gehackter Petersilie oder einigen kleinen Kerbelblättchen bestreuen.
Dazu Stangenweißbrot oder frisch gerösteten Toast servieren.

# Artischocken-Spargel-Salat

4 Portionen à ca.
795 kJ (190 kcal)

**250 g Spargelspitzen
aus der Dose,
6 Artischockenböden
aus der Dose,
2 EßI. gemahlene
Salzmandeln,
Salz,
weißer Pfeffer,
Saft von 1 Zitrone,
1/8 l süße Sahne,
Kopfsalatblätter
zum Anrichten.**

Spargelspitzen und Artischockenböden gut abtropfen lassen. Artischocken in Scheibchen schneiden und mit den Spargelspitzen vorsichtig mischen.
Gemahlene Salzmandeln, Salz und Pfeffer mit dem Zitronensaft verrühren, die Sahne dazugießen und alles gut vermischen.
Eine Schüssel oder 4 Portionsteller mit den gewaschenen und trokkengeschwenkten Kopfsalatblättern auslegen, den Artischocken-Spargel-Salat darauf verteilen und die Soße darübergießen. Den Salat sofort servieren.
Dazu schmecken frisches Stangenweißbrot und ein trockener Weißwein besonders gut.

# Salat „Nouvelle"

4 Portionen à ca.
2195 kJ (525 kcal)
**375 g Erdbeeren,**
½ **Dose Palmenmark
(200 g),
2 frische Kiwis,**
1½ **Eßl. Zitronensaft,
Salz,
schwarzer Pfeffer
aus der Mühle,
2 Eßl. Öl,
200 g Bündner
Fleisch,
Zitronenmelisse zum
Garnieren.**

Erdbeeren waschen, entstielen und auf Küchenkrepp trocknen. Anschließend die Früchte halbieren, größere Erdbeeren in Scheiben schneiden.
Das Palmenmark in ein Sieb geben und gut abtropfen lassen. Kiwis schälen und in dünne Scheibchen schneiden.
Zitronensaft mit Salz und Pfeffer würzen, mit Öl verrühren. Marinade über das Palmenmark und die Früchte gießen und alles vorsichtig mischen.
Den Salat auf eine Platte oder 4 Portionsteller geben.
Das Bündner Fleisch zu Röllchen drehen und auf dem Salat anrichten. Mit Blättchen von Zitronenmelisse garnieren.
Dazu frische Baguette reichen.

# Tomaten mit Mozzarella

4 Portionen à ca.
1465 kJ (350 kcal)
**750 g Tomaten,
200 g Mozzarellakäse,
4 Eßl. Olivenöl,
2 Eßl. Weißweinessig,
Salz,
1–2 Teel. schwarze
Pfefferkörner,
1 Bund
frisches Basilikum.**

Die Tomaten waschen, trocknen und in mitteldicke Scheiben schneiden, dabei auch die grünen Stengelansätze entfernen. Den Mozzarella mit einem Wellenschliff- oder Buntmesser schräg in Scheiben schneiden.
Die Tomatenscheiben auf 4 Portionsteller oder einer großen Platte verteilen und auf jede Scheibe ein Stück Mozzarella setzen. Oder die Tomaten- und die Mozzarellascheiben in mehreren Reihen dachziegelartig übereinanderschichten.
Das Olivenöl mit dem Essig verrühren, mit Salz würzen und über die Tomaten-Käse-Scheiben gießen. Pfefferkörner im Mörser grob zerstoßen und darüberstreuen.
Das Basilikum waschen, mit Küchenkrepp trocknen und einzelne Blättchen abzupfen. Jede Tomaten-Käse-Scheibe mit Basilikum garnieren.
Dazu frisches Weißbrot oder knusprige Baguette reichen.
Variation: Mozzarella zerbröckelt in einem Topf erwärmen. Auf die Tomatenscheiben setzen, die Marinade darübergießen und sofort servieren.

Salat „Nouvelle"

Tomaten mit Mozzarella

# Sardinensalat „Algarve"

4 Portionen à ca. 1170 kJ (280 kcal)

2 Dosen Ölsardinen ohne Gräten,
2 Cornichons (Pfeffergürkchen) aus dem Glas,
1 große Tomate,
2 Eßl. Perlzwiebeln aus dem Glas,
3 Eßl. Sardinenöl,
2 Eßl. Olivenöl,
2 Eßl. Weinessig,
2–3 Eßl. frische, gehackte Kräuter (Petersilie, Zitronenmelisse, Estragon, Kresse, Pimpinelle).

Sardinen abtropfen lassen, das Öl dabei auffangen. Dann den Fisch in 2 cm große Stücke teilen. Die Cornichons fein würfeln. Tomate kurz in heißes Wasser legen, häuten, grünen Stengelansatz und Kerne entfernen, Fruchtfleisch in kleine Würfel schneiden. Sardinen, Cornichons und Tomatenwürfel mit den Perlzwiebeln vermengen. Sardinenöl mit Olivenöl und Essig gründlich verschlagen. Die Kräuter zu ¾ in die Marinade rühren. Dann alle anderen vorbereiteten Zutaten untermischen.
Den Salat auf Portionsteller füllen, den Rest der Kräuter darüberstreuen und sofort servieren. Dazu schmecken dunkles Bauernbrot und ein kräftiger weißer Landwein.

# Delikater Putersalat

6 Portionen à ca. 1005 kJ (240 kcal)

250 g Puterbrustfilet,
Salz,
weißer Pfeffer aus der Mühle,
1 Prise Ingwerpulver,
1 Eßl. Öl,
250 g Stangenbohnen,
250 g geräucherte, nicht zu dünne Scheiben Puterbrust,
1 Becher Sahnejoghurt,
3 Eßl. Mayonnaise,
1 Zwiebel,
½ Bund gehackte Petersilie,
2 Eßl. Essig,
Kopfsalatblätter zum Anrichten.

Puterbrustfilet mit Salz, Pfeffer und sehr wenig Ingwerpulver einreiben und in heißem Öl 5 Minuten von allen Seiten anbraten. Danach das Filet abkühlen lassen.
Die Bohnen putzen, waschen, in kleine Stücke brechen und in Salzwasser ca. 12 Minuten kochen. Die Bohnen sollen noch knackig sein. In ein Sieb schütten und abkühlen lassen.
Das Filet und die geräucherte Puterbrust in Streifchen schneiden. Die Zwiebel schälen und würfeln. Joghurt mit Mayonnaise verrühren. Die Joghurtsoße mit Zwiebelwürfeln, Petersilie und Essig mischen und mit Salz und Pfeffer abschmecken. Puterfleisch und die Bohnen mit der Soße mischen und zugedeckt 1 Stunde ziehen lassen.
Eine Schale mit gewaschenen, trockengetupften Salatblättern auslegen, den Putersalat noch einmal abschmecken und auf den Salatblättern anrichten.
Dazu Stangenweißbrot, Butter und einen trockenen Weißwein reichen.

# Krebsschwanz-Cocktail

4 Portionen à ca.
775 kJ (185 kcal)

**12 tiefgekühlte Krebsschwänze,
200 g Champignons aus der Dose,
200 g Spargelspitzen aus der Dose,
2 EBl. süße Sahne,
4 EBl. Mayonnaise,
1 Teel. Tomatenketchup,
1 Prise Zucker,
weißer Pfeffer aus der Mühle,
1 Prise Paprika,
2 EBl. Cognac,
einige Salatblätter zum Anrichten,
Dillspitzen zum Verzieren.**

Krebsschwänze auftauen lassen. Champignons und Spargel in einem Sieb abtropfen lassen. Das Krebsfleisch in mundgerechte Stücke zerpflücken und mit den Champignons und Spargelspitzen vermengen.
Die Sahne steifschlagen und mit der Mayonnaise und dem Tomatenketchup verrühren. Mit Zucker, Pfeffer und Paprika würzen und mit Cognac abschmecken.
Krebsschwänze, Champignons und Spargel mit der Soße vermischen. Sekt- oder Glasschalen mit Streifen von zarten Salatblättern auslegen und den Cocktail daraufgeben.
Die Gläser 1/2 Stunde in den Kühlschrank stellen. Vor dem Servieren die Cocktails mit Dillspitzen garnieren.
Dazu frisches Weißbrot oder Toast reichen.

**Tip** *Während der Krebssaison, die im August beginnt, sollte man frische Krebse für den Cocktail verwenden. Dann auf Tomatenketchup verzichten und statt Cognac Wodka in die Soße geben.*

# Palmenherzen „Brasilia"

4 Portionen à ca.
710 kJ (170 kcal)

**400 g Palmenherzen (Palmitos) aus der Dose,
4 EBl. Crème fraîche,
1 EBl. Cognac,
2 EBl. Joghurt,
1 Teel. Tomatenpüree,
3 EBl. Orangensaft,
Salz,
Cayennepfeffer,
1 Prise Zucker,
125 g hauchdünn geschnittenes Bündner Fleisch,
schwarze Pfefferkörner.**

Palmenherzen in einem Sieb gut abtropfen lassen, in ca. 3 cm große Stücke schneiden.
Eine Soße aus Crème fraîche, Cognac, Joghurt, Tomatenpüree und Orangensaft herstellen. Alle Zutaten in einer Schüssel vermischen und mit Salz, Cayennepfeffer und Zucker pikant abschmecken.
Die Palmenherzen in die Mitte einer tiefen Platte geben und die Soße darübergießen. Um die Palmenherzen herum das Bündner Fleisch anrichten und mit wenig grob zerstoßenen Pfefferkörnern bestreuen.
Dazu frische Baguette und einen trockenen Weißwein reichen.
<u>Variation:</u> Wer's pikant liebt, kann das Bündner Fleisch durch Parmaschinken ersetzen und den fertigen Cocktail mit frisch geriebenem Parmesan bestreuen.

# Austern-Cocktail „Daniel"

4 Portionen à ca.
650 kJ (155 kcal)

**1 Dose Austern im Sud (200 g),
4–6 Stangen Bleichsellerie,
2–3 EBl. Öl,
Saft von ½ Orange,
2 Teel. Zitronensaft,
grob zerstoßener schwarzer Pfeffer,
Salz.**

Austern abtropfen lassen. Den Bleichsellerie putzen, waschen und trocknen, ein paar zarte Blattspitzen zurücklegen zum Garnieren. Die Stangen in dünne Ringe schneiden und zusammen mit den Austern in Sektschalen oder Gläser mit weiter Öffnung füllen.
Das Öl mit Orangen- und Zitronensaft verrühren, mit Pfeffer und Salz würzen und die Marinade über die Cocktails geben. Jedes Glas mit einem Wedel aus Sellerieblattspitzen garnieren.
Dazu Graubrot und Butter reichen.

**Tip** *Der Cocktail schmeckt noch besser, wenn er mit frischen Austern zubereitet wird, die aber nur von September bis April zu bekommen sind. Wenn man keine Erfahrung im Öffnen von Austern hat, kann man den Fischhändler um Auslösen und Entbarten bitten. Man braucht pro Person mindestens 6 Austern.*

# Feinschmeckersalat

4 Portionen à ca.
965 kJ (230 kcal)

**12 tiefgekühlte Hummerkrabben,
Salz,
400 g Zuckerschoten (Zuckererbsen),
1 Schalotte,
je 1 Bund glatte Petersilie und Basilikum,
3 EBl. Sherryessig,
schwarzer Pfeffer aus der Mühle,
4 EBl. sehr feines Öl (z. B. Traubenkernöl).**

Hummerkrabben auftauen lassen. Zuckerschoten waschen und entfädeln. Reichlich Salzwasser in einem Topf zum Kochen bringen und die Zuckerschoten darin 4 Minuten blanchieren. In einem Sieb abgießen, eiskalt abschrecken und abtropfen lassen.
Schalotte schälen und sehr fein hacken. Die Kräuter abspülen, trockenschwenken und die Blätter von den Stielen zupfen.
Essig, Pfeffer, Salz und Öl zu einer Marinade rühren, die Schalotte dazugeben. Auf einer runden Platte die Zuckerschoten verteilen, die Petersilien- und Basilikumblättchen darüberstreuen und die Hummerkrabben darauf anrichten. Die Soße auf dem Salat verteilen und sofort servieren.
Dazu schmecken frische Baguette und ein trockener Weißwein.

Austern-Cocktail „Daniel"

# Hummer-Cocktail

4 Portionen à ca.
1025 kJ (245 kcal)

**150 g Hummerfleisch (tiefgekühlt oder aus der Dose),
1 Dose Spargelköpfe (200 g),
1 Dose ganze Champignons (200 g),
4 Innenblätter vom Kopfsalat,
125 g Mayonnaise,
2 Eßl. Tomatenketchup,
3 Eßl. süße Sahne,
1½ Eßl. Cumberlandsauce,
1 Eßl. Cognac,
1 Teel. Zitronensaft,
Salz,
1 Prise Zucker,
1 Msp. Cayennepfeffer,
Petersilie zum Garnieren.**

Hummerfleisch auftauen lassen, die Chitinstreifen entfernen. Das Fleisch in gleich große Stückchen teilen.
Spargelköpfe und Champignons in einem Sieb gut abtropfen lassen, dann mit dem Hummerfleisch vermischen.
Salatblätter waschen, trockenschwenken und 4 Cocktailgläser oder Glasschalen damit auslegen. Zu große Blätter teilen. Die Hummerfleischmischung auf den Salatblättern verteilen und die Cocktails kühl stellen.
Mayonnaise mit Tomatenketchup, Sahne, Cumberlandsauce gut vermischen und mit Cognac und Zitronensaft würzen. Mit Salz, Zucker und mit Cayennepfeffer abschmecken.
Die Soße erst kurz vor dem Servieren über die Cocktails gießen und mit einem winzigen Petersiliensträußchen verzieren. Dazu frisch gerösteten Toast und Butter reichen.

**Tip** *Besonders pikant wird die Mayonnaise, wenn statt des Tomatenketchups die gleiche Menge Paprikamark oder 1 Eßlöffel Estragonsenf verwendet wird.*

# Krabben-Avocado-Salat

4 Portionen à ca.
3035 kJ (725 kcal)

**2 Avocados,
Saft von 1 Zitrone,
1 Dose Mandarinorangen (190 g),
125 g frisches oder tiefgekühltes Krabbenfleisch,
1–2 Eßl. Mayonnaise,
Salz,
weißer Pfeffer aus der Mühle,
1 Prise Ingwerpulver,
Salatblätter zum Anrichten.**

Avocados längs aufschneiden, die Kerne entfernen, das Fruchtfleisch mit einem Löffel aus den Schalen lösen und in Scheiben schneiden. Mit etwas Zitronensaft beträufeln, damit es sich nicht dunkel färbt.
Die Mandarinorangen abtropfen lassen, den Saft auffangen. Mandarinen mit den Krabben (tiefgekühlte erst auftauen lassen) und den Avocadoscheiben vermengen.
Mayonnaise mit dem Zitronensaft und 2 Eßl. Mandarinensaft verrühren. Mit Salz, Pfeffer und Ingwerpulver pikant abschmecken.
Die gewaschenen und trockengetupften Salatblätter auf einer Platte anordnen, Avocadoscheiben, Mandarinen und Krabben darauf verteilen und die Salatsoße breit darüberlaufen lassen. Dazu Toast, Butter und Zitronenachtel reichen.

# Bananensalat „Martinique"

6 Portionen à ca.
990 kJ (240 kcal)
**4 nicht zu reife Bananen,
2 EBl. Zitronensaft,
2 Teel. Dijon-Senf,
½ Teel. Pfeffer,
Salz,
1 Knoblauchzehe,
2 EBl. Weinessig,
6 EBl. Olivenöl,
1 Fleischtomate,
½ Salatgurke,
4 Stangen Bleichsellerie,
2 Möhren,
1 Avocado,
Kopfsalatblätter zum Anrichten.**

Bananen schälen, in 1 cm dicke Scheiben schneiden und sofort mit dem Zitronensaft mischen. Senf mit ½ Teel. Salz und dem Pfeffer verrühren. Knoblauchzehe schälen, durch die Presse drücken und zu dem Senf geben. Dann den Essig so lange unterrühren, bis sich der Senf aufgelöst hat. Zum Schluß mit dem Öl vermischen.
Tomate kurz in heißes Wasser legen, häuten, vierteln, den grünen Stengelansatz und die Kerne entfernen, Tomatenfleisch hacken. Die Salatgurke ebenfalls schälen und fein hacken. Von dem Bleichsellerie die grünen unansehnlichen Blätter entfernen, Stangen sorgfältig waschen und in dünne Scheiben schneiden. Möhren abbürsten und raspeln. Die Avocado halbieren, schälen und in Scheiben schneiden. Alles zusammen mit den Bananenscheiben und der Soße mischen. Salatblätter waschen, trockenschwenken, eine Schüssel damit auslegen und den Bananensalat darauf anrichten.
Dazu kalten Braten oder Roastbeef und Stangenweißbrot reichen.

# Steinpilzsalat „Gourmet"

4 Portionen à ca.
860 kJ (205 kcal)
**250 g frische Steinpilze,
20 g Butter,
4 Tomaten,
2 hartgekochte Eier,
50 g geräucherter Schinken,
1 kleine Zwiebel,
5 EBl. Estragonessig,
3 EBl. Öl,
Salz,
weißer Pfeffer aus der Mühle,
1 Prise Zucker,
½ Bund Petersilie.**

Pilze putzen, waschen, mit Küchenkrepp trocknen und in dünne Scheiben schneiden. Die Butter in einen Stieltopf geben und die Pilze zugedeckt 10 Minuten bei mittlerer Hitze dünsten. Beiseite stellen.
Die Tomaten in heißes Wasser legen, nach ein paar Minuten häuten und in dünne Scheiben schneiden, grüne Stengelansätze dabei entfernen. Die Eier schälen und grob hacken, den Schinken in sehr feine Würfel schneiden. Die Zwiebel schälen und fein reiben.
Essig mit Öl verrühren und das Zwiebelmus zufügen. Die Soße mit Salz, weißem Pfeffer und Zucker würzen. Petersilie waschen, trocknen, fein hakken und in die Marinade rühren. Die abgekühlten Pilze, Tomatenscheiben, Ei- und Schinkenwürfel damit vermengen.
Dazu schmeckt frisches Weißbrot mit gesalzener Butter.

# Melonen-Schinken-Salat

4 Portionen à ca.
835 kJ (200 kcal)
**1 kleine Honigmelone,
200 g gekochter
Schinken oder
Lachsschinken
oder 100 g Bündner
Fleisch,
150 g kleine bis mittelgroße Champignons,
Salz,
einige Kopfsalatblätter,
12 Walnußhälften,
3 EBl. Portwein,
Saft von
1 kleinen Zitrone,
2 EBl. Wasser,
1 EBl. Öl,
Pfeffer aus der Mühle,
1 Prise Zucker,
Petersilie
zum Garnieren.**

Melone vierteln, mit einem Löffel die Kerne und das weiche Fruchtfleisch entfernen, die Viertel schälen und in längliche dünne Scheiben schneiden.
Den Schinken oder das Bündner Fleisch in Streifen schneiden und zu kleinen Röllchen wickeln. Die Champignons putzen und waschen, sofort mit Küchenkrepp trockentupfen, in nicht zu dünne Scheiben schneiden und mit einer Prise Salz bestreuen.
Die Salatblätter waschen, trockenschwenken, eine flache Schüssel damit auslegen und die Melonenscheiben, Pilze und Walnußhälften darauf arrangieren.
Für die Salatsoße den Portwein mit Zitronensaft, Wasser und Öl verrühren und mit etwas Pfeffer und je einer Prise Salz und Zucker abschmecken. Die Soße über den fertigen Salat träufeln. Zum Schluß die Schinkenröllchen dazwischen setzen und mit gewaschener und trockengeschwenkter Petersilie garnieren.
Dazu schmeckt Sesam-Knäckebrot mit Butter.

# Sommersalat „Variation"

4 Portionen à ca.
4455 kJ (1065 kcal)
**4 Avocados,
2 Bund Schnittlauch,
2 EBl. Crème fraîche,
Saft von 2 Zitronen,
Salz,
schwarzer Pfeffer
aus der Mühle,
Chilisoße,
4 gekochte Hühnerbrüste (ca. 400 g),
1 Kopfsalat,
2 Kiwis,
2 säuerliche Äpfel,
2 Pfirsiche,
1½ Grapefruits,
6 EBl. Ananasstücke
aus der Dose,
8 bis 10 Lychees
aus der Dose,**

Avocados halbieren und die Steine herauslösen. Die Schnittflächen mit Zitronensaft beträufeln, damit sie sich nicht dunkel färben. Aus 2 Avocados das Fruchtfleisch mit einem Löffel herausheben und mit dem gewaschenen, trockengetupften Schnittlauch zusammen im Mixer pürieren. Die Crème fraîche unterheben und 3–4 EBl. Zitronensaft hinzufügen. Mit Salz, Pfeffer und einigen Tropfen Chilisoße pikantwürzig abschmecken. Die Creme in die Hälften der entkernten, aber nicht ausgehöhlten Avocados füllen. Restliche Creme in ein Schälchen geben und mit den Avocados kühl stellen.
Die Hühnerbrustfilets in Scheiben schneiden. Den Kopfsalat putzen, waschen, trockenschleudern und sehr große Blätter halbieren. Kiwis schälen und in Scheiben schneiden. Äpfel waschen, trocknen, halbieren, die Kerngehäuse entfernen und die Apfelhälften mit der Schale in sehr dünne Scheiben schneiden. Sofort mit Zitronensaft beträufeln, damit sie nicht

Melonen-Schinken-Salat

Sommersalat
"Variation"

100 g frische, aus der Schale gelöste Scampi, milder Weinessig, 2 Teel. scharfer Senf, 1 Prise Zucker, 1 Prise Cayennepfeffer, 7 EBl. Öl, frische Minze zum Garnieren.

braun werden. Pfirsiche kurz in kochendheißes Wasser legen, häuten, halbieren, die Steine auslösen und die Fruchthälften in Scheiben schneiden. Grapefruits schälen, in Segmente teilen und mit einem scharfen Messer häuten.
Die gefüllten Avocados mit allen Salatzutaten, mit den abgetropften Ananasstücken, den Lychees und den Scampi auf einer Platte oder auf Portionstellern anrichten.
Den Weinessig mit Senf verrühren, mit 1 Prise Zucker, wenig Cayennepfeffer und dem Rest Zitronensaft abschmecken. Nach und nach das Öl unterschlagen. Die Marinade über den vorbereiteten Salat geben und mit einigen frischen Minzeblättchen garnieren.
Sofort servieren. Die restliche Avocado-Creme extra reichen.
Dazu schmecken frische Weißbrotscheiben und trockener Rosé.

# Lammfleischsalat „Exquisit"

4 Portionen à ca. 2060 kJ (490 kcal)
**4 Möhren, 2 Petersilienwurzeln, 2 Zwiebeln, 1 l Brühe, 500 g Reste einer gebratenen Lammkeule, 1 Knoblauchzehe, 4 kleine Gewürzgurken, 12 schwarze Oliven aus dem Glas, 1 EBl. Kapern, 8 Sardellenfilets, 3 Stengel Basilikum, Salz, Pfeffer aus der Mühle, 4 EBl. feinstes Olivenöl, 2 EBl. Weinessig.**

Möhren und Petersilienwurzeln schaben und in dünne Scheiben schneiden. Die Zwiebeln schälen und in Ringe schneiden. Alles zusammen mit der Brühe in einen Topf geben, aufkochen und ca. 20 Minuten köcheln lassen. In ein Sieb schütten, das Gemüse gut abtropfen und abkühlen lassen.
Lammfleisch in sehr feine Streifen schneiden.
Knoblauchzehe schälen und fein hacken, Gewürzgurken in dünne Scheiben schneiden, Oliven halbieren und entkernen. Kapern und Sardellenfilets gut abtropfen lassen, die Sardellenfilets einmal der Länge nach durchschneiden.

Das Basilikum abspülen, trockentupfen und die Blätter von den Stielen zupfen. Eventuell streifig schneiden.
Das Fleisch zusammen mit den Gemüsen in eine Schüssel geben, Knoblauch, Gurkenscheiben, Oliven, Sardellen, Kapern und Basilikum dazu geben. Mit Salz, Pfeffer, Olivenöl und Weinessig vermischen und abschmecken. Gut gekühlt servieren.
Dazu helles Landbrot und einen kräftigen Rotwein reichen.

# Traubensalat mit Schnittlauch

4 Portionen à ca.
2720 kJ (650 kcal)

**1 kg grüne oder gelbliche Weintrauben,
Saft von 1 Zitrone,
200 g frische, geschälte Haselnüsse,
Salz,
schwarzer Pfeffer aus der Mühle,
2 EßI. feingehackter Schnittlauch,
1 EßI. feingehackter Kerbel,
1 Becher Crème fraîche.**

(Foto Seite 37)

Weintrauben waschen und die Beeren von den Stengeln zupfen. Die Hälfte der Beeren mit der Saftpresse ausdrücken und den gewonnenen Traubensaft mit dem Zitronensaft verrühren. Die Haselnüsse in eine Schale geben und den Saft darübergießen. Die Nüsse zugedeckt über Nacht ziehen lassen. Wenn die Außentemperatur sehr hoch ist, die Nüsse am besten in den Kühlschrank stellen, da der Traubensaft schnell gärt.
Am nächsten Tag die restlichen Weinbeeren häuten, entkernen und mit den Nüssen in dem Saft noch 1 Stunde im Kühlschrank marinieren. Den Saft dann abgießen und mit Salz und Pfeffer abschmecken.
Beeren-Nüsse-Mischung in eine Servierschale geben oder auf Portionstellerchen verteilen, den Saft darübergießen und mit Schnittlauch und Kerbel bestreuen.
Den gut gekühlten Salat mit einem Schälchen Crème fraîche servieren.

# Erdbeersalat mit Portweingelee

4 Portionen à ca.
1400 kJ (335 kcal)

**300 g Erdbeeren,
2 Zweige Estragon,
¼ l frisch gepreßter Orangensaft,
⅛ l Estragon- oder heller Weinessig,
Salz,
1 Prise Zucker,
1 Prise Cayennepfeffer,
1 EßI. grüne Pfefferkörner aus dem Glas,
⅛ l Portwein,
1 Beutel weiße Gelatine,
¼ l entfettete Hühnerbrühe,**

Erdbeeren waschen, die Stengelansätze entfernen und die größeren Früchte halbieren. Den Estragon waschen und einen Zweig mit den Erdbeeren in eine Schüssel legen.
Die Hälfte des Orangensaftes mit dem Estragonessig und je 1 Prise Salz, Zucker und Cayennepfeffer verrühren und über die Früchte gießen. Die Schüssel zudecken und die Früchte 1½–2 Stunden marinieren.
Die grünen Pfefferkörner auf Küchenkrepp abtropfen lassen, grob zerdrücken, in den Portwein geben und zugedeckt ziehen lassen.
Die Gelatine nach Packungsangabe bei sehr geringer Hitze in 1 EßI. Hühnerbrühe auflösen. Die restliche Brühe und den Portwein mit den zerstoßenen Pfefferkörnern zugeben, verrühren und süß-pikant abschmecken. In eine Eiswürfelschale oder in kleine Förmchen füllen und im Kühlschrank erstarren lassen.
Puterbrustfilets in mundgerechte Scheiben

**2 gegarte Puterbrustfilets, 1 Orange, 3–4 EBl. Öl.**

schneiden. Die Orange schälen und mit einem spitzen Messer die Filets aus den Häutchen lösen. Die Marinade von den Erdbeeren abgießen und knapp die Hälfte davon mit Öl verschlagen, eventuell nachwürzen.
Nun die Erdbeeren mit dem Fleisch und den Orangenfilets mischen und die Marinade darübergießen. Die Blättchen vom zweiten Estragonzweig abzupfen und über den Salat streuen.

Die Formen mit dem erstarrten Gelee aus dem Kühlschrank nehmen, ganz kurz in heißes Wasser halten und das Gelee auf einen Teller stürzen. In kleine Würfel oder Scheiben schneiden und den Erdbeersalat damit garnieren.
Dazu schmeckt gebuttertes Sesam-Knäckebrot besonders gut.

# Matjes mit Himbeersahne

4 Portionen à ca. 2345 kJ (560 kcal)
**4 Matjesfilets, 2 Teel. gehackter Dill, 2 Teel. Zucker, 200 g Himbeeren (frisch oder tiefgekühlt), ⅜ l süße Sahne, 2 EBl. weißer oder roter Weinessig, 1 EBl. Himbeersaft, Salz, schwarzer Pfeffer aus der Mühle, 1 säuerlicher Apfel, Zitronenmelisse, Petersilie oder Estragon zum Garnieren.**

Matjesfilets nebeneinander auf eine tiefe Platte legen und mit Dill und Zucker bestreuen. Die Hälfte der Himbeeren (tiefgekühlte vorher nicht auftauen) darüber verteilen. ¼ l Sahne mit Essig und Himbeersaft verrühren und über die Matjes geben. Die Platte fest mit Folie verschließen und die Matjes über Nacht marinieren.
Am nächsten Tag die Matjes aus der Marinade nehmen und abtropfen lassen. Die Marinade durch ein Sieb in eine Schüssel gießen und mit einer Prise Salz und Pfeffer abschmecken. Mit dem Elektroquirl oder dem Handrührgerät so lange schlagen, bis die Marinade cremig ist. Den

Rest der Sahne getrennt steifschlagen, mit der Creme vermischen und die Himbeeren aus der Marinade unterheben. Noch einmal abschmecken und eventuell nachwürzen.
Den Apfel schälen, vierteln, entkernen, in hauchdünne Scheiben schneiden und auf Portionstellerchen verteilen. Die Matjes darauf anrichten, mit der Himbeersahne überziehen und mit den restlichen ganzen Himbeeren und einigen Kräuterblättchen garnieren. Dazu schmecken in Butter geröstete Toast-Dreiecke.

Erdbeersalat mit Portweingelee

Traubensalat mit Schnittlauch   Rezepte Seite 35

Matjes mit Himbeersahne

# Fisch-Trauben-Salat

4 Portionen à ca. 1630 kJ (390 kcal)

**400 g beliebiges Fischfilet (frisch oder tiefgekühlt),
1/8 l Wein-Wasser-Gemisch (halb und halb),
1 Zweig Dill,
2 weiße Pfefferkörner,
1/2 Teel. Senfkörner,
Streuwürze,
schwarzer Pfeffer aus der Mühle,
1 Prise Zucker,
4 Stangen Bleichsellerie,
250 g blaue und gelbliche Weintrauben,
200 g fertige Salatcreme,
2 Eßl. Tomatenketchup,
1 Teel. Honig,
2 Eßl. Weißwein,
2 Teel. Zitronensaft,
Salz,
weißer Pfeffer,
einige Kopfsalatblätter zum Anrichten,
1 Bund Dill.**

Fischfilet säubern und in grobe Würfel schneiden. (Tiefgekühlten Fisch vorher etwas antauen lassen.) Noch vorhandene Gräten entfernen.
Wein-Wasser-Gemisch in einen Topf gießen und Dill, Pfeffer- und Senfkörner, etwas Streuwürze, schwarzen Pfeffer und Zucker zufügen.
Den Sud 10 Minuten kochen lassen. Danach die Hitze verringern und die Fischwürfel 8 Minuten im Sud ziehen lassen. Herausnehmen und zum Abtropfen beiseite stellen.
Die Selleriestangen und die Trauben waschen und trockentupfen. Sellerie in feine Streifen schneiden, die Weinbeeren halbieren, große Kerne entfernen. Beides mit den abgekühlten Fischwürfeln vermischen.
Salatcreme mit Tomatenketchup, Honig und Wein zu einer Soße rühren und mit Zitronensaft, Salz und etwas Pfeffer mild abschmecken.
Salatblätter und Dill abspülen und trockenschwenken. Eine Schüssel mit den Salatblättern auslegen und den Fisch-Trauben-Salat darauf anrichten. Mit der Soße übergießen, jedoch nicht vermengen. Mit feingehacktem Dill bestreut servieren.
Dazu schmecken kleine, weiche Weizenbrötchen oder feine Knäckebrotscheiben mit Butter.

**Tip** *Dieser Salat ist sehr ergiebig. Man kann daraus eine kleine Mahlzeit machen, wenn man statt Brot gekochten Reis dazu serviert.*

# Feigen „Lukullus"

6 Portionen à ca. 1210 kJ (290 kcal)

**1 kg frische, reife Feigen,
20 frische Minzeblätter,
Saft 1 Zitrone, Salz,
1/4 l süße Sahne,
100 g in dünne Scheiben geschnittener, gekochter Schinken.**

Feigen schälen, am Stielansatz kreuzweise einschneiden und leicht drücken, so daß sie sich etwas öffnen. Auf eine flache Platte oder einen großen Teller setzen und 1 Stunde in den Kühlschrank stellen.
In der Zwischenzeit die Minzeblätter waschen und trockentupfen. 10 Blättchen fein hacken und mit dem Zitronensaft 30 Minuten ziehen lassen. Dann den Saft durch ein Haarsieb in eine Schüssel gießen. Eine Prise Salz zufügen. Nach und nach die Sahne einfließen las-

sen und so lange rühren, bis sie leicht cremig geworden ist.
Den Schinken in schmale, ca. 3 cm lange Streifen schneiden. Die Hälfte dieser Schinkenstreifen über die Feigen legen und die Sahnesoße darübergieben. Die Feigen mit dem restlichen Schinken und den übrigen Minzeblättchen garnieren. Sofort servieren.
Dazu schmeckt ein trockener, gekühlter Sherry (Fino) besonders gut.

# Fischsalat „Moderne Art"

4 Portionen à ca. 790 kJ (190 kcal)

**300 g frisches Forellenfilet,
1–2 unbehandelte Zitronen,
schwarzer Pfeffer aus der Mühle,
Salz,
1 Prise Zucker,
4 EBl. Öl,
1 Knoblauchzehe,
2 Bund Brunnenkresse,
250 g große Champignons,
1 EBl. scharfer Senf.**

Forellenfilets im Gefrierfach des Kühlschranks etwas gefrieren lassen, dann mit dem Allesschneider oder mit einem Elektromesser schräg zur Faser in hauchdünne Scheiben schneiden.
Eine Zitrone waschen und die Schale abreiben. Zitrone auspressen und den Saft mit Pfeffer, abgeriebener Schale, Salz, Zucker und Öl zu einer Marinade mischen. Fisch in eine Schüssel legen, die Marinade darübergießen und im Kühlschrank zugedeckt 1 Stunde marinieren.
Knoblauchzehe schälen, halbieren und eine Schüssel damit ausreiben. Brunnenkresse waschen, trockenschwenken, die Blättchen von den Stielen zupfen. Die Champignons putzen, waschen, mit Küchenkrepp trockentupfen und in dünne Scheibchen schneiden. Zusammen mit der Brunnenkresse in die Schüssel geben und sofort mit etwas Zitronensaft beträufeln. Das Fischfilet aus der Marinade nehmen, etwas ausdrücken, zu dem Salat geben.
Marinade mit dem Senf verrühren und pikant abschmecken. Über den Salat gießen, alles gut mischen und sofort servieren.
Dazu frische Baguette und einen leichten weißen Landwein reichen.

**Tip** *Brunnenkresse nie längere Zeit aufbewahren. Selbst im Kühlschrank wird sie über Nacht schon gelb und verliert ihr pikantes Aroma. Bis zur Verwendung die Kresse am besten zusammengebündelt in einem Glas Wasser an einen hellen, kühlen Ort stellen. Dabei die Verpackung etwas öffnen, damit die Blättchen Licht bekommen.*

Gratin „Dauphinois"
Rezept nächste Seite

Goldgelb überbacken, verführerisch duftend – bei Toasts und Gratins geht die Liebe nicht nur durch den Magen. Sie sind auch ein Augenschmaus, dem niemand widerstehen kann.

# Heiß und verführerisch:
# Toasts & Gratins

# Gratin „Dauphinois"

(Überkrustete Kartoffeln)

4 Portionen à ca.
2240 kJ (535 kcal)

**1 kg Kartoffeln,
Salz,
weißer Pfeffer
aus der Mühle,
geriebene Muskatnuß,
60 g Butter,
Knoblauchsalz,
2 Eier,
½ l Milch,
125 g geriebener
Gruyère oder
mittelalter Gouda.**

(Foto Seite 40/41)

Kartoffeln schälen, waschen und in dünne Scheiben schneiden. Die Scheiben mit Salz, Pfeffer und Muskat bestreuen und gut mischen.
Eine Auflaufform mit 20 g Butter einfetten und mit Knoblauchsalz ausstreuen. Die Kartoffelscheiben dachziegelartig in die Form schichten.
Eier mit der Milch verquirlen und die Hälfte des geriebenen Käses unterziehen. Die Milch über die Kartoffeln gießen. Sie sollen knapp bedeckt sein.
Die restliche Butter in Flöckchen auf den Auflauf setzen und den Rest Käse darüberstreuen. Die Form zudecken und in den vorgeheizten Backofen (220°, Gas Stufe 4) stellen. Nach 1¼ Stunde den Deckel entfernen und noch 10–15 Minuten weiterbacken lassen. Der Auflauf soll zum Schluß eine schöne, goldbraune Kruste haben. Heiß in der Form servieren.
Dazu paßt grüner Salat mit vielen frischen Kräutern in einer Essig-Öl-Marinade, aber auch ein Tomaten-, Gurken- oder gemischter Salat. Als Getränk eignet sich ein Rotwein.

**Tip** *Das Gratin „Dauphinois" schmeckt besonders gut mit neuen Kartoffeln, die dann mit der Schale verwendet werden.*

# Überkrustetes Kalbshirn

4 Portionen à ca.
1065 kJ (255 kcal)

**1 Kalbshirn (ca. 300 g),
½ l Essigwasser
(¹/₁₀ l Essig auf
½ l Wasser),
5 Sardellenfilets
aus dem Glas,
¹/₁₀ l Weißwein,
3–4 Eßl. süße Sahne,
1 Eigelb,
1 Eßl. Kapern,
1 Eßl. blättrig
geschnittene Mandeln,
3 Eßl. Semmelbrösel,
30 g Butter.**

Kalbshirn mit siedendem Essigwasser blanchieren, abkühlen lassen und von allen Haut- und Blutresten säubern. Das Hirn in kleine Würfel schneiden.
Sardellenfilets gut abtropfen lassen und klein hacken.
Den Weißwein mit Sahne verrühren, das Eigelb darunterschlagen. Kapern und Mandeln hinzufügen.
Die Soße mit den Hirn- und Sardellenwürfeln vermischen und in gefettete Förmchen füllen. Mit Semmelbrösel bestreuen und mit Butterflöckchen besetzen. Im vorgeheizten Backofen (200°, Gas Stufe 3) ca. 10 Minuten überbacken.
Dazu frisches Weißbrot und einen trockenen Weißwein servieren.

# Gratinierte Auberginen

4 Portionen à ca.
2970 kJ (710 kcal)
**4 Auberginen,
8 EßI. Öl,
2 Tomaten,
200 g roher Schinken,
200 g Rinderhackfleisch,
1 EßI. gehackte, glatte Petersilie,
2 EßI. Semmelbrösel,
3 Eigelb,
1 Teel. Knoblauchsalz,
½ Teel. schwarzer Pfeffer aus der Mühle,
4 EßI. Dosenmilch,
4 cl Cognac,
4 EßI. frisch geriebener Parmesan.**

Auberginen trocken abreiben, die Stengelansätze abschneiden und die Früchte der Länge nach halbieren. Mit den Schnittflächen nach oben auf ein Backblech setzen, Schnittflächen mit der Hälfte des Öls beträufeln. Im vorgeheizten Backofen (200°, Gas Stufe 3) ca. 30 Minuten backen.
Tomaten kurz in heißes Wasser legen, häuten, von den grünen Stengelansätzen befreien, entkernen und fein hacken. Auberginenfruchtfleisch vorsichtig aus den Schalen lösen, fein hacken und mit dem ebenfalls gehackten Schinken, Rinderhackfleisch, Tomatenwürfelchen, Petersilie, Semmelbrösel, Eigelb, Knoblauchsalz, Pfeffer, Dosenmilch und Cognac gründlich vermischen. Die Masse in die Auberginenhälften füllen und den geriebenen Parmesan darüberstreuen.
Eine Auflaufform mit dem restlichen Öl einfetten, Auberginen hineinsetzen und im vorgeheizten Backofen (250°, Gas Stufe 6) 10 Minuten überbacken.
Dazu frisches Weißbrot und einen kräftigen roten Landwein reichen.

# Eier-Toast „Draco"

4 Portionen à ca.
2080 kJ (495 kcal)
**6 Eier,
4 Eigelb,
⅛ l Wasser,
¼ l süße Sahne,
2 Pckg. Instant-Helle Soße (für ½ l Flüssigkeit),
weißer Pfeffer,
1 Teel. getrocknete Estragonblätter,
4 Scheiben Toastbrot,
20 g Butter,
Salatblätter zum Anrichten,
Tomatenscheiben zum Garnieren.**

Eier in 5 Min. weichkochen, mit kaltem Wasser abschrecken.
Eigelb mit der Hälfte der Sahne verquirlen. Das Wasser erhitzen, die restliche Sahne dazugießen, zum Kochen bringen und das Soßenpulver einrühren. Topf vom Herd nehmen, die Eigelb-Sahne-Mischung dazugeben und mit Pfeffer und Estragon würzen.
Die Toastscheiben rösten, dünn mit Butter bestreichen. Eier pellen, der Länge nach aufschneiden und je 3 Eihälften mit der Schnittfläche nach unten auf eine Scheibe Toast legen. Estragonsoße über die Toasts verteilen und unter dem Grill 2–3 Min. überbacken, bis die Soße leicht gebräunt ist.
Salatblätter waschen und trockenschwenken, anrichten und die Toasts daraufsetzen. Mit Tomatenscheiben garnieren und servieren.
Dazu schmecken Feldsalat in einer Essig-Öl-Marinade und ein Bier.

# Schildkrötensuppe „Lady Curzon"

4 Portionen à ca.
670 kJ (160 kcal)
**1 Dose Schildkrötensuppe,
4 cl trockener Sherry (Fino),
⅛ l süße Sahne,
1 Eigelb,
½ Teel. Currypulver.**

Schildkrötensuppe mit dem Sherry erwärmen, aber nicht aufkochen lassen.
Die Sahne sehr steifschlagen. Das Eigelb verquirlen und mit der Sahne mischen. Mit Curry abschmecken. Etwa ⅓ der Sahnemischung in die Suppe rühren.
Die Suppe in kleine Tassen geben und ihnen mit der restlichen Sahne Hauben aufsetzen. Im vorgeheizten Grill 2 Minuten überbacken.
Dazu Chesterstangen reichen.
Hinweis: Für dieses Rezept wird nur ein Eigelb benötigt, das aber von großer Bedeutung ist: Ohne das Eigelb würde die Sahnehaube, die die Suppe berühmt gemacht hat, beim Überbakken zusammenfallen.

# Coquilles St. Jacques au gratin

(Überbackene Jakobsmuscheln)
4 Portionen à ca.
1215 kJ (290 kcal)
**500 g tiefgekühlte Jakobsmuscheln,
2 Schalotten,
60 g Butter,
⅛ l Weißwein,
3 Eßl. gehackte Petersilie,
1 Msp. getrockneter Thymian,
Salz,
weißer Pfeffer aus der Mühle,
2 Teel. Speisestärke,
1 Eßl. Wasser,
3 Eßl. Semmelbrösel,
2 Eßl. Crème fraîche.**

Tiefgekühlte Jakobsmuscheln ganz auftauen lassen.
Die Schalotten schälen, fein hacken und in 30 g Butter 4 Minuten dünsten. Den Weißwein zugießen, 2 Eßl. Petersilie und den Thymian zufügen und mit Salz und weißem Pfeffer würzen.
Muscheln in den Sud geben, eventuell etwas Wasser zugießen, bis die Muscheln mit Flüssigkeit eben bedeckt sind. Den Sud einmal aufkochen. Topf zudecken und die Muscheln noch 8 Minuten ziehen lassen. Danach mit einer Schöpfkelle aus dem Sud in ein Sieb geben, abtropfen und abkühlen lassen.
Speisestärke mit 1 Eßl. Wasser anrühren, den Muschelsud noch einmal aufkochen und mit der Stärke binden.
Die abgekühlten Jakobsmuscheln in Scheiben schneiden, auf 4 Muschelschalen verteilen und die Soße darübergießen. Zuerst mit dem Rest Petersilie, dann mit den Semmelbröseln bestreuen.
Restliche Butter erhitzen, mit der Crème fraîche verrühren und über die Semmelbrösel geben. Die Muschelschalen in den vorgeheizten Backofen stellen (250°, Gas Stufe 6) und 5 Minuten überkrusten lassen.
Dazu frisches Weißbrot und einen trockenen Weißwein reichen.

Schildkrötensuppe „Lady Curzon"

Coquilles St. Jacques au gratin

# Toast „Oranien"

4 Portionen à ca.
1870 kJ (450 kcal)

**2 TK-Hühnerbrüstchen (ca. 400 g),
50 g Margarine,
Salz,
weißer Pfeffer,
1 Teel. Sambal Oelek,
30 g Butter,
4 Scheiben Toastbrot,
250 g entsteinte Kirschen aus dem Glas,
4 Scheiben Edamer Käse,
1 Teel. Currypulver.**

Hühnerbrüstchen auftauen lassen, abspülen, trockentupfen und die Filets von den Knochen lösen.
In einer Pfanne die Margarine erhitzen, das Fleisch darin auf beiden Seiten 5–10 Minuten braten. Hühnerbrüstchen aus der Pfanne nehmen, mit Salz, Pfeffer und Sambal Oelek würzen.
Butter in einer Pfanne zerlaufen lassen, Toastscheiben darin auf einer Seite hell rösten. Dann die Scheiben mit der ungerösteten Seite auf ein Backblech legen.
Das Fleisch in Scheiben schneiden, auf die Brote legen. Die abgetropften Kirschen unter ständigem Rühren in einem Topf kurz erwärmen, auf dem Fleisch verteilen. Darauf eine Scheibe Käse geben, in die Mitte eine Kirsche setzen und alles mit Currypulver bestäuben. Im vorgeheizten Backofen (225°, Gas Stufe 4) auf der obersten Schiene 10 Minuten überbacken. Auf vorgewärmten Tellern servieren. Dazu schmeckt ein kühler Rosé.

**Tip** Wer's etwas ausgefallener mag, der kann zu diesem Toast noch warmes Kirschkompott reichen. Eine Ergänzung, die nicht alltäglich ist und sehr gut dazu paßt.

# Cervenner Roquefort-Toast

4 Portionen à ca.
2200 kJ (525 kcal)

**6 Birnenhälften aus der Dose,
125 g blaue Weintrauben,
4 Scheiben Toastbrot,
30 g Butter,
8 Scheiben saftiger, gekochter Schinken (ca. 200 g),
125 g Roquefortkäse,
50 g gehackte Walnüsse.**

Birnen gut abtropfen lassen und in Schnitze schneiden. Weintrauben waschen, trockentupfen, die Beeren abzupfen, halbieren und entkernen. Brot auf einer Seite leicht toasten und mit Butter bestreichen. Mit der ungebutterten Seite auf ein Backblech legen. Auf jede Scheibe Toast 2 Scheiben Schinken legen, darauf die Birnenschnitze und darüber die halbierten Weinbeeren verteilen.
Den Roquefort mit einem scharfen Messer in Scheiben schneiden und diese ziegelartig auf die Brote setzen. Mit Walnüssen bestreuen und im vorgeheizten Backofen (225°, Gas Stufe 4) ca. 5 Minuten überbacken. Sofort servieren. Dazu einen trockenen Weißwein reichen.

# Toast Tatar

4 Portionen à ca.
1925 kJ (460 kcal)
**40 g Butter,
100 g Meerrettich
aus dem Glas,
4 Scheiben Weißbrot,
500 g Beefsteakhack
(Tatar),
6 EßI. Crème fraîche,
Salz,
schwarzer Pfeffer
aus der Mühle,
1 Prise Zwiebelpulver,
4 Tomaten,
8 dünne Scheiben
Frühstücksspeck,
Petersilie
zum Garnieren.**

Butter mit 2 Teelöffeln Meerrettich gut vermischen und das Weißbrot damit bestreichen.
Das Beefsteakhack mit der Crème fraîche und dem restlichen Meerrettich vermengen, salzen, pfeffern und mit ein wenig Zwiebelpulver würzen.
Die Fleischmischung auf die Weißbrote streichen. Tomaten waschen, trocknen, in Scheiben schneiden und dabei die grünen Stengelansätze entfernen. Tomatenscheiben auf die Fleischmischung geben. Jeweils 2 Scheiben Frühstücksspeck kreuzweise oder parallel darüber legen. Im vorgeheizten Backofen (220°, Gas Stufe 4) knapp 10 Minuten backen. Mit Petersiliensträußchen garnieren und sofort servieren.
Dazu kann man sehr fein gehackte, rohe Zwiebeln reichen. Als Getränk paßt Bier besonders gut.

# Wildpastetchen

4 Portionen à ca.
2300 kJ (550 kcal)
**250 g beliebiges,
gebratenes
Wildfleisch,
4 kleine
Blätterteigpasteten,
100 g Pfifferlinge
aus der Dose,
50 g Frühstücksspeck,
1 Zwiebel,
2 Teel. Mehl,
⅛ l Rotwein,
Salz,
1 Prise Zucker,
½ Becher saure Sahne,
1 Eßl. Preiselbeeren
aus dem Glas.**

Wildfleisch in feine Streifen schneiden, eventuelle Hautreste dabei entfernen.
Blätterteigpastetchen auf ein Backblech setzen und im vorgeheizten Backofen (180°, Gas Stufe 2) 12 Minuten erwärmen.
Die Pfifferlinge in einem Sieb abtropfen lassen. Den Frühstücksspeck würfeln und in einem Stieltopf glasig braten. Die Zwiebel schälen, fein würfeln, zum Speck geben und im geschlossenen Topf 3 Minuten dünsten.
Pilze und Fleischstreifen in den Topf geben. Das Mehl darüberstäuben und alles mit dem Rotwein verrühren. Mit Zucker und Salz abschmecken. Die saure Sahne dazugießen und die Soße sämig kochen lassen. Den Topf vom Herd nehmen und die Preiselbeeren unterziehen.
Pastetchen auf eine vorgewärmte Platte setzen, das Ragout einfüllen und die Pastetendeckelchen daraufsetzen. Sofort heiß servieren.
Dazu Preiselbeerkompott, Johannisbeergelee oder Cumberlandsauce reichen.

# Toast mit Avocadocreme

4 Portionen à ca.
1590 kJ (380 kcal)

**4 Scheiben Toastbrot,
30 g Butter,
8 Scheiben Kalbsbraten (à ca. 50 g),
1 Avocado,
1 Eigelb,
Saft von ½ Zitrone,
Salz,
weißer Pfeffer
aus der Mühle,
3 Eßl. frisch
geriebener Parmesan,
Zitronenschnitze
zum Garnieren.**

Toastbrot hell rösten, eine Seite mit Butter bestreichen und mit je 2 Scheiben Kalbsbraten belegen.
Avocado halbieren und den Kern herauslösen. Das Fruchtfleiss hit einem Löffel herausschälen und im Mixer pürieren. Das Eigelb und den Zitronensaft unter das Püree ziehen und mit Salz und Pfeffer würzen. Die Avocadocreme auf die Kalbsbratenscheiben streichen und den geriebenen Parmesan darüberstreuen.
Die Toasts auf einem Backblech in den vorgeheizten Backofen (250°, Gas Stufe 6) schieben und 5 Minuten überkrusten lassen, bis der Käse goldgelb ist. Dann die Toasts auf vorgewärmten Tellern anrichten und mit Zitronenschnitzen garniert servieren.
Dazu zarten Kopfsalat in einer Joghurt-Kräuter-Soße reichen und einen trockenen Weißwein.
Variation: Statt Kalbsbraten kann man auch Scheiben von Schweinebraten oder Roastbeef verwenden.

# Thunfisch-Toast „Delhi"

4 Portionen à ca.
2175 kJ (520 kcal)

**1–2 Dosen Thunfisch
in Öl à 200 g,
2 Bananen,
¾ Becher Crème
fraîche,
75 g geriebener Hartkäse (Emmentaler oder Gruyère),
1 gehäufter Teel.
Currypulver,
1 Prise Zucker,
4 Scheiben Toastbrot,
Butter
zum Bestreichen.**

Thunfisch abtropfen lassen und in kleine Stücke zerpflücken.
Die Bananen schälen, in dünne Scheiben schneiden und mit den Thunfischstücken vermengen. Aus Crème fraîche, dem geriebenen Käse, Curry und Zucker eine dickflüssige Soße rühren.
Toastbrot rösten, etwas abkühlen lassen und mit Butter bestreichen. Die Thunfisch-Bananen-Mischung auf den Toastscheiben verteilen. Soße darübergießen und im vorgeheizten Backofen (260°, Gas Stufe 6) 5–7 Minuten überbacken, bis sich die Soße leicht bräunlich färbt.
Dazu schmeckt ein Rotwein besonders gut.

**Tip** *Toasts, die mit einer Soße überbakken werden, genauso schnell servieren wie mit Käse überbackene, da die duftig aufgegangene Soße leicht zusammenfällt und der Käse schnell kalt und ledrig wird.*

Fürsten-Toast
Rezept Seite 50

Thunfisch-Toast „Delhi"

Toast mit Avocadocreme

# Fürsten-Toast

4 Portionen à ca.
2780 kJ (670 kcal)

**4 Scheiben Toastbrot,
4 Scheiben gekochter Schinken à ca. 50 g,
30 g Butter,
4 Putensteaks à ca. 100 g,
Salz,
weißer Pfeffer aus der Mühle,
½ Dose Birnen (425 ml),
¼ l Birnensaft,
4 Eigelb,
Ingwerpulver,
4 Scheiben Emmentaler Käse,
2 Eßl. Blauschimmelkäse.**

(Foto Seite 49)

Toastbrot rösten und jede Scheibe mit gekochtem Schinken belegen. Auf eine feuerfeste Platte oder 4 Teller setzen.
In einer Pfanne Butter erhitzen und die Putensteaks auf jeder Seite ca. 1 Minute braten. Sofort aus der Pfanne nehmen, salzen und leicht pfeffern und auf jeden Toast ein Steak legen.
Birnen in einem Sieb gut abtropfen lassen, den Saft dabei auffangen. Birnensaft in das Bratfett gießen und bei geringer Hitze halb einkochen lassen. In der Zwischenzeit die Eigelb verquirlen. Die Pfanne vom Herd nehmen und die Eigelb mit dem Fond verrühren.
Je nach Größe 1–2 Birnenhälften mit der Wölbung nach oben auf die Steaks legen und mit wenig Ingwerpulver bestreuen. Die Soße darübergießen. Käsescheiben darauflegen und den zerbröckelten Blauschimmelkäse darüberstreuen. Im vorgeheizten Backofen (220°, Gas Stufe 4) 5–7 Minuten überbacken.
Dazu schmeckt ein kräftiges Bier.

# Forellen-Toast

4 Portionen à ca.
1530 kJ (365 kcal)

**125 g Sellerieknolle,
2 kleine, säuerliche Äpfel,
2 Eßl. Zitronensaft,
4 Scheiben Toastbrot,
30 g Butter,
1 Eßl. gehackte Walnüsse,
4 geräucherte Forellenfilets,
2 Eier,
50 g Mayonnaise,
Salz,
weißer Pfeffer.**

Backofen auf 225°, Gas Stufe 4 vorheizen.
Sellerieknolle und Äpfel schälen und sehr fein raspeln. Beides mischen und sofort mit Zitronensaft beträufeln.
Die Toastscheiben auf einer Seite rösten und mit Butter bestreichen. Sellerie-Apfel-Mischung darauf verteilen, gehackte Walnüsse darüberstreuen.
Die Forellenfilets in nicht zu kleine Stücke zerteilen und auf die Toasts geben.
Die Eier trennen. Eigelb und Mayonnaise in einer Schüssel verrühren.
Eiweiß zu steifem Schnee schlagen und vorsichtig unter die Mayonnaise ziehen. Mit Salz und Pfeffer evtl. nachwürzen. Die Creme auf dem Fisch verteilen. Toasts auf einem Backblech auf der obersten Schiene des Backofens 10–15 Min. überbacken. Die Schaumhaube soll goldgelb sein. Auf vorgewärmten Tellern sofort servieren, da die Haube schnell zusammenfällt.
Dazu schmeckt ein kräftiger, trockener Weißwein.

# Käse-Birnen-Törtchen

8 Portionen à ca.
1115 kJ (270 kcal)

**8 Mürbeteig-
Törteletts,
12 Walnußhälften,
8 Birnenhälften
aus der Dose,
100 g Roquefort oder
Gorgonzola,
1 Eßl. Crème fraîche,
1 Eigelb,
4 Eßl. Birnengeist.**

Törteletts auf ein Backblech setzen. Die Walnüsse mittelgrob hacken und auf die Törtelettböden streuen. Birnen abtropfen lassen.
Den Käse mit einer Gabel zerdrücken und mit Crème fraîche, Eigelb und 2 Eßl. Birnengeist cremig rühren. 1/3 der Masse auf die Törteletts streichen.
Die Birnenhälften mit der Wölbung nach oben daraufsetzen, mit dem restlichen Birnengeist beträufeln und die übriggebliebene Creme als Rosetten oder in Schlangenlinien auf die Birnen spritzen.
Die Törtchen im vorgeheizten Backofen (250°, Gas Stufe 4) 4 Minuten überbacken. Sofort servieren.
Dazu einen halbtrockenen Weißwein oder Rosé reichen.

**Tip** *Im Sommer sollte man frische, vollreife, saftige Birnen verwenden (z. B. ,,Williams Christ'', ,,Clapps Liebling''). Die Birnenhälften müssen jedoch nach dem Schälen sofort mit Zitronensaft eingerieben werden, damit sie sich nicht braun verfärben.*

# Herzhafter Kiwi-Toast

4 Portionen à ca.
1530 kJ (365 kcal)

**375 g Schweinefilet,
1 Teel.
grüne Pfefferkörner
aus dem Glas,
15 g Butter,
Salz,
4 Scheiben Toastbrot,
2 Eßl. Weißwein,
1 Teel. getrockneter
Thymian oder
Basilikum,
4 Scheiben Gouda-,
Edamer-
oder Chesterkäse,
2 Kiwis.**

Schweinefilet von Sehnen und Fettsträngen befreien, in 4 Stücke teilen und mit dem Fleischklopfer 1 cm dünn klopfen.
Die Pfefferkörner im Mörser zerstoßen und fest auf die Fleischscheiben drücken.
Butter in der Pfanne erhitzen und die Filets auf jeder Seite 1 Minute braten. Dann herausnehmen und salzen. Die Toastscheiben rösten und mit den gebratenen Filets belegen.
Das Bratfett mit Wein ablöschen und einmal aufkochen, dann auf das Fleisch träufeln. Thymian oder Basilikum darüberstreuen. Die Toasts mit den Käsescheiben belegen, auf feuerfeste Teller setzen und im vorgeheizten Backofen (250°, Gas Stufe 6) 5 Minuten überbacken. Der Käse muß geschmolzen und goldgelb sein.
Die Kiwis schälen und in 8 Scheiben schneiden. Toasts aus dem Backofen nehmen, mit den Kiwischeiben garnieren und schnell servieren.
Dazu helles Bier reichen.

Schnecken „Burgund"
Rezept nächste Seite

Wer schätzt sie nicht, die kleinen, raffinierten Gaumenfreuden? Fantasievoll komponiert und mit Zutaten von erlesener Auswahl sind diese Leckerbissen Vorspeise, Zwischengericht oder große Überraschung für nette Gäste und liebe Freunde.

## Für Kenner:
# Kleine lukullische Köstlichkeiten

# Schnecken „Burgund"

8 Portionen à ca.
990 kJ (235 kcal)

**2 Dosen Schnecken
à 24 Stück,
5 Schalotten,
1 Zweig frischer
Estragon,
¼ l Rotwein
(Burgunder),
schwarzer Pfeffer
aus der Mühle,
2 Knoblauchzehen,
Salz,
200 g Butter.**

(Foto Seite 52/53)

Schnecken in einem Sieb abtropfen lassen, den Saft auffangen.
Die Schalotten schälen und in Scheiben schneiden.
Den Estragon waschen, mit Küchenkrepp trockentupfen und mit den Schalottenscheiben fein hacken.
Den Burgunder in einen Topf gießen, die Schalotten und den Estragon hineingeben und mit Pfeffer würzen. Einmal aufkochen, dann bei geringer Hitze die Flüssigkeit in ca. 15 Minuten völlig einkochen lassen. Die Schalotten müssen sich rot gefärbt haben.
Knoblauchzehen schälen, mit etwas Salz bestreuen und mit breiter Messerklinge musig zerdrücken.

Butter mit dem Knoblauch und den Schalotten gut mischen.
In jedes Schneckenhäuschen etwas von der Schneckenbrühe geben, 1 Schnecke hineinsetzen und das Gehäuse mit der Burgunderbutter zustreichen. Die Schneckenhäuschen mit der Öffnung nach oben in Schneckenpfännchen setzen und im vorgeheizten Backofen (220°, Gas Stufe 4) 10 Minuten überbacken. Die Butter soll schäumen und bräunlich-krustig sein. Die Pfännchen auf Teller stellen und sofort servieren.
Dazu ganz frisches Stangenweißbrot und einen Burgunder reichen.

# Salbeisardellen

4 Portionen à ca.
3390 kJ (810 kcal)

**16 frische Sardellen
(ca. 350 g),
4 Eßl. Öl,
4 Eßl. Zitronensaft,
Salz,
schwarzer Pfeffer
aus der Mühle,
1 Bund frischer Salbei,
16 Scheiben roher,
magerer Schinken
à ca. 25 g,
20 g Butter,
6 Eßl. Fleischbrühe.**

Sardellen auf der Bauchseite mit einem scharfen Messer vom Kopf zum Schwanz aufschlitzen und ausnehmen. Köpfe und Schwänze abschneiden. Jeden Fisch so auseinanderklappen, daß man vom Kopfende her mit einem Finger an der Rückengräte entlangfahren und diese lösen kann. Der Fisch darf dabei im Rücken aber nicht einreißen. Dann die

Sardellen unter fließendem Wasser gründlich abspülen und mit Küchenkrepp trockentupfen.
Das Öl mit dem Zitronensaft mischen und mit je 1 Prise Salz und Pfeffer würzen. Die Fische mit der Marinade begießen und zugedeckt 1 Stunde stehen lassen. Dann herausnehmen, auf Küchenkrepp abtropfen lassen.

Den Salbei waschen, trockentupfen und fein hacken.
Schinkenscheiben ausbreiten und auf jede Scheibe 1 Sardelle legen. Die Fische mit dem Salbei bestreuen. Dann die Schinkenscheiben zusammenklappen und mit Zahnstochern befestigen. Wer den Geschmack des Salbeis besonders liebt, spießt auf jeder Schinkenscheibe außen noch ein ganzes Salbeiblättchen fest.
Eine flache, feuerfeste Form mit etwas Butter einfetten. Die Sardellen hineinlegen und die restliche Butter in Flöckchen darüber verteilen. Die heiße Fleischbrühe dazugeben. Die Sardellen im vorgeheizten Backofen (180°, Gas Stufe 2) 15–20 Minuten garen. Sardellen auf einer vorgewärmten Platte anrichten und heiß servieren.
Dazu ein deftiges helles Bauernbrot oder frisches Stangenweißbrot und einen trockenen italienischen Weißwein (z. B. Frascati) reichen.

# Blinis mit Kaviar

4 Portionen à ca. 2610 kJ (620 kcal)

**2 Eier,
250 g Buchweizenmehl,
20 g Hefe,
¼ l Milch,
Salz,
1–2 Eßl. süße Sahne,
Butter zum Backen,
200 g deutscher Kaviar
(siehe Seite 120–122 „Kaviar-Sorten"),
80 g Butter,
1 Becher Crème fraîche (200 g).**

Eier trennen. Die Eigelb mit dem Buchweizenmehl verrühren. Hefe mit 2 Eßl. lauwarmer Milch vermischen und unter das Mehl arbeiten. 1 Prise Salz zufügen und nach und nach die restliche Milch einrühren. Dann den Teig warm stellen, bis er aufgegangen ist.
Die Eiweiß steifschlagen, die flüssige Sahne unterziehen und beides mit dem Teig mischen.
Butter in der Pfanne erhitzen und untertassengroße, sehr dünne Pfannkuchen backen. Jeden Pfannkuchen mit ein wenig Kaviar bestreichen und zusammenklappen oder aufrollen.
Gleichzeitig in einem Töpfchen die Butter zerlaufen lassen. Auf einer vorgewärmten Platte die Blinis anrichten, mit der Butter beträufeln und sofort servieren. Crème fraîche separat reichen.
Variation: Man kann den Teig mit hartgekochtem, gehacktem Ei oder mit Räucherlachswürfeln anreichern.

**Tip** *Wenn Buchweizenmehl einmal nicht erhältlich ist, so kann man für die Zubereitung der Blinis auch Grünkernmehl verwenden.*

# Muscheln in Knoblauchbutter

4 Portionen à ca.
1830 kJ (440 kcal)
**2 kg Miesmuscheln,
⅛ l Weißwein,
schwarzer Pfeffer
aus der Mühle,
2 Zwiebeln,
4 Knoblauchzehen,
2 Eßl. gehackte
Petersilie,
½ Teel. frischer oder
1 Teel. getrockneter
Thymian,
½ Teel. Zitronensaft,
150 g Butter,
Salz,
Paprikapulver,
50–75 g geriebener
Emmentaler Käse,
grobes Salz,
Zitronenachtel und
Petersiliensträußchen
zum Anrichten.**

Miesmuscheln unter fließendem Wasser waschen und mit einer Bürste gründlich säubern. Fäden von den Schalen abziehen. Offene Muscheln fortwerfen.
Den Weißwein in einen großen Topf gießen, die Muscheln hineingeben und kräftig pfeffern. Nicht salzen, da das Meerwasser in den Muscheln genug Salz abgibt. Den Topf schließen, den Inhalt zum Kochen bringen und die Muscheln 5 Minuten garen. Den Topf hin und wieder rütteln. Dann die Muscheln in einen Durchschlag schütten und abkühlen lassen. Muscheln, die sich beim Kochen nicht geöffnet haben, fortwerfen.
Zwiebeln und Knoblauchzehen schälen und fein hacken. Mit Petersilie, Thymian und Zitronensaft unter die Butter kneten und mit Salz und Paprika abschmecken.
Von jeder Muschel die leere Schalenhälfte abbrechen und wegwerfen. Die Hälften, in denen das Fleisch haftet, mit der Knoblauchbutter füllen und mit Käse bestreuen. Auf eine flache, feuerfeste Platte grobes Salz streuen und die gefüllten Muscheln daraufsetzen. Im vorgeheizten Backofen (250°, Gas Stufe 6) 5 Minuten überbacken. Der Käse soll geschmolzen und goldbraun sein.
Die Muscheln mit Zitronenachteln und kleinen Petersiliensträußchen garnieren und sofort servieren.
Dazu einen kräftigen Weißwein und ofenfrisches Stangenweißbrot reichen.

# Muscheln „Junge Gärtnerin"

4 Portionen à ca.
1185 kJ (280 kcal)
**2 kg Miesmuscheln,
500 g Gemüse
(Zwiebeln, Sellerie,
Porree, Möhren
und Paprika),
50 g Butter,
weißer Pfeffer, Salz,
gut ⅜ l Weißwein,
1 Teel. Speisestärke,
1 Eßl. gehackte Petersilie zum Bestreuen.**

Miesmuscheln unter fließendem Wasser waschen und mit einer Bürste gründlich säubern. Fäden von den Muscheln abziehen. Offene Muscheln fortwerfen.
Zwiebeln schälen, Gemüse putzen, waschen und in Würfel schneiden.
In einem großen Topf die Butter erhitzen und das Gemüse darin 10 Min. dünsten. Pfeffer und Salz zugeben und den Wein angießen. 1 Eßlöffel Wein zum Anrühren der Speisestärke zurückbehalten. Die Muscheln in die Brühe geben. Den Topf zudecken und 5 Minuten kräftig kochen lassen, dabei den Topf einige Male rütteln. Die Muscheln mit

Muscheln in Knoblauchbutter

Muscheln „Junge Gärtnerin"

einer Schaumkelle herausnehmen und in eine Schüssel füllen.
Die Speisestärke mit dem Eßlöffel Wein anrühren. Muschelbrühe mit den Gemüsen noch einmal aufkochen und mit der Stärke binden. Die Brühe über die Muscheln gießen und sofort auftragen.
Dazu schmecken helles Bauernbrot oder Vollkornbrot mit Butter und ein trockener Weißwein.

**Tip** Muscheln „Junge Gärtnerin" werden mit den Fingern gegessen. In einen tiefen Teller portionsweise Muscheln mit etwas Brühe und Gemüsewürfelchen füllen. Aus einer Schale das Muschelfleisch entfernen und diese Schale als Zange benutzen, um das Fleisch aus den anderen Schalen zu lösen. Die Brühe wird dazu gelöffelt.

# Langusten „Doria"

4 Portionen à ca. 1460 kJ (350 kcal)
**2 lebende Langusten à ca. 800 g,
Salz,
3 Schalotten,
1 Dose Steinpilze (120 g),
20 g Butter,
1 gestrichener EßI. Mehl,
1/8 l Weißwein,
6 EßI. süße Sahne,
Tabascosauce,
3 EßI. Cognac,
2 Teel. scharfer Senf,
75 g geriebener Emmentaler Käse,
1–2 EßI. Semmelbrösel.**

Langusten in kochendes Salzwasser geben und in 15–18 Minuten garziehen lassen. Herausnehmen, erkalten lassen und längs halbieren. Das Fleisch aus dem Schwanz und dem Leib lösen. Von dem Körperfleisch vorsichtig die ungenießbaren Teile, die Leber und evtl. vorhandenen Eier entfernen. Das Schwanzfleisch in Scheiben und das Fleisch aus dem Leib in etwa 1/2 cm große Würfel schneiden.
Schalotten schälen und fein hacken. Die Steinpilze abtropfen lassen und das Wasser auffangen. Die Pilze feinblättrig schneiden.
In einem Stieltopf die Butter zerlassen und die Schalotten 2 Minuten darin dünsten. Das Mehl zufügen und anschwitzen lassen. Mit Wein, Pilzwasser und Sahne ablöschen. 8 Min. kochen lassen. Soße mit wenig Tabasco, Cognac und Senf würzen. 3/4 der Käsemenge in die Soße rühren. Das Langustenfleisch und die Pilze dazugeben und noch einmal erhitzen.
Das Ragout in die Langustenschalen füllen, den restlichen geriebenen Käse und die Semmelbrösel darüberstreuen. Im vorgeheizten Backofen (250°, Gas Stufe 6) kurz überkrusten.
Dazu schmecken mit Butter bestrichener heißer Toast und trockener Weißwein.
<u>Hinweis:</u> Auf die gleiche Art wird Hummer „Thermidor" zubereitet.

# Steinpilze mit Schinkenfüllung

4 Portionen à ca.
1340 kJ (320 kcal)
**1 kg frische Steinpilze mit möglichst großen Hüten,
3 EBl. Öl,
Salz,
schwarzer Pfeffer aus der Mühle,
2 kleine Zwiebeln,
125 g roher Schinken,
je 1 EBl. gehackte Petersilie und gehackter Kerbel,
⅛ l Crème fraîche,
Limonenscheiben zum Garnieren.**

Steinpilze putzen und waschen. Die Stiele herausschneiden und mit den sehr kleinen Hüten fein hacken. Die großen Hüte ganz lassen und mit Küchenkrepp trockentupfen.
Das Öl in einer Pfanne erhitzen und die Pilzhüte 5 Minuten darin braten. Mit Salz und Pfeffer würzen, herausnehmen und warm stellen.
Die Zwiebeln schälen, hacken und im Pilzbratfett gelb dünsten. Den Schinken ganz fein würfeln und mit den Zwiebeln ausbraten. Die gehackten Pilze, Petersilie, Kerbel, Salz und Pfeffer zugeben und 5 Minuten bei geringer Hitze dünsten. Crème fraîche unterrühren und alles noch gut 1 Minute schmoren lassen.
Die Masse in die Pilzköpfe füllen, auf einer vorgewärmten Platte anrichten und mit Limonenscheiben garnieren.
Dazu etwa 8 cm breite, halbierte Stangenweißbrotscheiben servieren, die geröstet und mit Knoblauchbutter bestrichen wurden. Als Getränk paßt ein vollmundiger Weißwein besonders gut.

# Gänseleber-Parfait mit Hummermayonnaise

4 Portionen à ca.
1400 kJ (335 kcal)
**100 g Hummerfleisch aus der Dose,
2 EBl. Mayonnaise,
(mindestens 50% Fett),
⅛ l süße Sahne,
1 Eigelb,
20 g Butter,
2 Scheiben Toastbrot,
4 Scheiben Gänseleberparfait aus der Dose,
50 g Madeiragelee aus der Dose,
einige Dillspitzen.**

Hummerfleisch von den Chitinteilchen befreien und abtropfen lassen.
Die Mayonnaise vorsichtig mit der Sahne und dem Eigelb verrühren.
Das Hummerfleisch unterziehen und die Schüssel zugedeckt 15 Minuten kühl stellen.
Die Butter in einer Pfanne schmelzen und die Toastbrotscheiben darin auf beiden Seiten goldgelb rösten. Dann die Scheiben aus der Pfanne nehmen, halbieren und auf Portionstellern anrichten.
Auf jedes Brotstück 1 Scheibe Gänseleberparfait legen und die Hummermayonnaise gleichmäßig darüber verteilen.
Das Madeiragelee in unregelmäßige, grobe Stücke schneiden. Auf die Mayonnaise in die Mitte jeweils etwas Gelee häufen, mit Dillspitzen garnieren.
Dazu ganz frisches Stangenweißbrot und einen trockenen Weißwein reichen.

# Fischplatte „Maritim"

6 Portionen à ca. 880 kJ (210 kcal)

12 gegarte TK-Königskrabbenschwänze (King Prawns),
6 Seezungen- oder Schollenfilets,
Saft von 1 Zitrone,
1 Eiweiß,
Salz,
8 EBl. frische, gehackte Kräuter (Petersilie, Dill, Zitronenmelisse, Borretsch, Kresse, Estragon, Minze),
1 Zwiebel,
1 Stange Bleichsellerie,
¼ l Weißwein,
⅛ l Wasser,
2 EBl. Essig,
1 EBl. Salz,
1 Lorbeerblatt,
1 Teel. Dillsamen,
Tabascosauce,
1 Becher Crème fraîche (200 g),
1–2 EBl. Quark,
1 EBl. Tomatenketchup,
1 EBl. Meerrettich aus dem Glas,
1 EBl. Cognac,
1 Prise Cayennepfeffer,
1 Prise Zucker,
Salatblätter zum Anrichten.

Die Krabbenschwänze antauen lassen. Die Seezungen- oder Schollenfilets mit Zitronensaft beträufeln. Eiweiß mit Salz verrühren und die Filets damit einpinseln. Darauf die gemischten Kräuter verteilen. Die Filets zusammenrollen und mit Garn umbinden.
Die Zwiebel schälen und in Ringe schneiden. Den Bleichsellerie putzen, waschen, klein schneiden.
Wein mit dem Wasser mischen und den Essig zufügen. Salz, Zwiebel und Sellerie, Lorbeerblatt und Dillsamen hineingeben und 10 Minuten kräftig kochen. Auf geringe Hitze zurückschalten, die Fischröllchen in den Sud setzen und 8–10 Minuten darin ziehen lassen. Die Röllchen mit der Schaumkelle herausheben und kalt stellen.
Den Sud mit 3–4 Tropfen Tabascosauce würzen und 1 Minute aufkochen. Die angetauten Krabbenschwänze hineingeben, 1 weitere Minute kochen. Den Topf vom Herd nehmen und die Krabben im Sud erkalten lassen.
Die Crème fraîche mit Quark, Tomatenketchup und Meerrettich verrühren. Mit Cognac, Cayennepfeffer und Zucker pikant abschmecken. Die Soße in ein Schälchen füllen.
Salatblätter auf einer Platte verteilen. Die Fischröllchen quer halbieren und das Garn entfernen. Zusammen mit den Krabbenschwänzen auf dem Salat anrichten.
Dazu entweder mit frischen Kräutern vermischten Reis oder ganz frisches Weißbrot reichen. Als Getränk passen sowohl ein trockener Weißwein als auch ein trockener, gut gekühlter Sherry (Fino).
Variation: Zu dieser Fischplatte paßt auch folgende Soße:
In 15 g zerlassener Butter 1 feingewürfelte Schalotte und 2 feingeschnittene Champignonköpfe 3 Minuten hellgelb anschwitzen. Mit 15 cl trockenem Weißwein, 10 cl weißem Wermut und ⅛ l Fleischbrühe auffüllen. Soße bei mittlerer Hitze auf die Hälfte einkochen lassen. Dann mit einem Schneebesen 200 g Crème fraîche einrühren, 3 Minuten durchkochen, die Soße durch ein Haarsieb streichen. Mit Salz und Pfeffer abschmecken und noch 3 Eßlöffel feingeschnittenen Schnittlauch unterrühren.
Die Soße kann lauwarm oder kalt zu dem Fisch serviert werden.

Fischplatte „Maritim"

# Dolmas

(Gefüllte Weinblätter)

4 Portionen à ca.
1000 kJ (240 kcal)

**75 g Langkornreis,
Salz,
ca. 20 Weinblätter aus
der Dose,
2 Zwiebeln,
250 g Kalbshack,
1 Teel. getrocknete
Minze oder 2–3 frische
Minzblätter,
je 1 Teel. gehackte
Petersilie und
gehackter Dill,
¼ l Fleisch- oder
Knochenbrühe (siehe
Seite 15 „Consommé
double"),
2 Eßl. Öl,
Saft von 1 Zitrone,
schwarzer Pfeffer
aus der Mühle,
frische Weinblätter
zum Garnieren,
1 Eigelb.**

Reis in leicht gesalzenem Wasser körnig kochen, in einem Sieb abtropfen und abkühlen lassen.
Die Weinblätter entrollen, kalt abspülen und auf ein Küchentuch legen.
Die Zwiebeln schälen und in Würfel schneiden.
Das Kalbshack mit dem Reis, den Zwiebeln und mit Minze, Petersilie und Dill mischen. In die Mitte eines jeden Weinblattes 1 Teelöffel Fleischteig setzen. Die Blätter bis zur Mitte zusammenrollen, die Seiten einschlagen und weiter bis zum Ende einrollen.
Fleisch- oder Knochenbrühe in einem Topf erhitzen und mit Öl, Zitronensaft und Pfeffer würzen. Weinblattröllchen dicht nebeneinander in die Brühe setzen und bei geringer Hitze 30 Minuten dünsten. Mit einer Schöpfkelle die Dolmas aus der Brühe nehmen und auf einer vorgewärmten Platte anrichten. Mit frischen Weinblättern garnieren. Die Brühe wieder erhitzen und mit dem Eigelb legieren. Die Soße in ein Schüsselchen füllen und getrennt zu den Dolmas servieren.
Dazu verschiedene Brotsorten und einen herzhaften Weißwein reichen.

**Tip** *Sollten Sie ein griechisches Lebensmittelgeschäft in der Nähe haben, probieren Sie zu diesem Gericht einen echten griechischen Retsina, den geharzten weißen Landwein.*

# Skandinavische Krebseier

4 Portionen à ca.
1820 kJ (435 kcal)

**¾ l Wasser,
1 l Weißwein,
1 Petersilienwurzel,
1 Zwiebel,
1 Teel. Kümmel,
Salz,
1 Bund Petersilie,
12 frische Krebse,
3 Eßl. Butter,
8 Artischockenherzen
aus der Dose,
125 g frische
Champignons,**

Wasser und ¾ l Wein mischen. Die geputzte Petersilienwurzel, die geschälte, geviertelte Zwiebel, den Kümmel, 1 Prise Salz und ½ Bund gewaschene, von den Stielen gezupfte Petersilie in den Sud geben und 10 Minuten kochen lassen. Die Krebse hineinwerfen und so lange im offenen Topf kochen, bis sie rot sind. Dann herausnehmen und abkühlen lassen. Die Schwänze aufbrechen, das Fleisch herauslösen und beiseite stellen. Krebsschalen im Mixer auf höchster Stufe fein mahlen, dann mit 2 Eßlöffeln Butter verkneten. Die Artischockenherzen mit dem Rest Butter und einem kleinen Schuß Weißwein bei geringer Hitze 10 Minuten zugedeckt dünsten.

**3 Teel. Speisestärke, weißer Pfeffer aus der Mühle oder Lemon Pepper, 1 EßI. gehackter Dill, 8 Eier, 3 EßI. Essig, Dillspitzen zum Garnieren.**

Die Champignons putzen und in dünne Scheiben schneiden. Den Rest Petersilie hacken und mit den Champignons und dem restlichen Wein in einem zweiten Topf 5 Min. dünsten.
¼ l Flüssigkeit vom durchgeseihten Krebssud abmessen, aufkochen und mit in etwas Wasser angerührter Speisestärke binden. Die Krebsbutter darin schmelzen lassen und den Topf vom Herd nehmen. Mit Pfeffer abschmecken und den Dill unterziehen.
Das Krebsfleisch, die Artischockenherzen und die Champignons mit dem restlichen Krebssud vermischen und 10 Minuten ziehen, nicht kochen lassen.
Die Eier in ½ l Essigwasser pochieren: die Eier aufschlagen und nacheinander über eine Kelle ins kochende Wasser gleiten lassen. Nach 3–4 Minuten herausheben, mit kaltem Wasser abschrecken und die Eiweißränder glatt schneiden. Die Eier nebeneinander in eine flache, vorgewärmte Schüssel legen und das heiße Krebsragout darüberfüllen. Mit den Dillspitzen garnieren und sofort auftragen.
Dazu gebuttertes Vollkornbrot und eiskalten Wodka servieren.

# Rinderfilets „Jerez"

**4 Portionen à ca. 1740 kJ (415 kcal)**

**400 g frische Champignons, Saft 1 kleinen Zitrone, 1 kleine Zwiebel, 1 Knoblauchzehe, 2 EßI. Olivenöl, Salz, schwarzer Pfeffer aus der Mühle, 5 cl trockener Sherry (Fino), 4 Rinderfilets à ca. 180 g, 40 g Kokosfett, 1 Bund gehackte Petersilie.**

Champignons putzen, waschen und je nach Größe halbieren oder vierteln. Mit Zitronensaft beträufeln.
Zwiebel und Knoblauchzehe schälen und fein hacken. Das Öl in einem Topf erhitzen. Zwiebel- und Knoblauchwürfel darin hell dünsten. Die Champignons zufügen und unter Rühren 6 Min. schmoren. Dann salzen, pfeffern, mit Sherry ablöschen.
Den Topf zudecken und die Champignons bei geringer Hitze 5 Minuten ziehen lassen.
Während die Pilze garen, die Rinderfilets mit grobem Pfeffer bestreuen. Kokosfett in einer Pfanne sehr heiß werden lassen und die Filets bei starker Hitze auf beiden Seiten 4 Minuten braten. Zum Schluß erst salzen.
Die Rinderfilets auf vorgewärmte Teller geben, Champignon-Zwiebel-Mischung abgetropft darüber verteilen und mit gehackter Petersilie bestreuen.
Dazu schmecken Stangenweißbrot oder frisch gerösteter Toast.

# Spargel mit Hummerkrabben

4 Portionen à ca.
845 kJ (200 kcal)

**8 gegarte
TK-Hummerkrabben-
schwänze,
1 Staude Chicorée,
1 Kästchen
Brunnenkresse,
50 g frische
Champignons,
Saft von ½ Zitrone,
8 Stangen grüner,
gegarter Spargel,
20 g Butter,
1 Eßl. Sherryessig,
1 Teel. Himbeeressig,
2 Eßl. trockener
Sherry (Fino),
Salz, weißer Pfeffer,
1 Prise Zucker,
3 Eßl. Olivenöl,
1 Teel. Nußöl,
1 Eßl. gehackte
Walnüsse.**

Hummerkrabbenschwänze auftauen lassen.
Den Chicorée putzen und mit den abgezupften Kresseblättern waschen.
Die Champignons putzen, waschen und blättrig schneiden. Sofort mit dem Zitronensaft beträufeln, damit die Scheibchen nicht braun werden.
Die Spargelstangen halbieren.
Butter in einem Topf aufschäumen lassen und die Hummerkrabbenschwänze 5 Min. darin anbraten. Herausnehmen und warm stellen.
Den Sherryessig mit dem Himbeeressig und dem Sherry mischen, zum Bratfett geben und etwas einkochen lassen. Mit Salz, Pfeffer und Zucker würzen. Dann das Oliven- und Nußöl unterrühren.
Die Hummerkrabbenschwänze mit den übrigen Zutaten auf vier Tellern oder auf einer Platte anrichten. Die lauwarme Marinade darübergießen und alles mit den Nüssen bestreuen.
Dazu frisch getoastetes, aber abgekühltes Weißbrot und Kräuterbutter reichen. Als Getränk paßt ein trockener, aber kräftiger Weißwein oder trockener Sekt.

# Kokosnußbananen „Pedro"

4 Portionen à ca.
1190 kJ (285 kcal)

**⅛ l Wasser,
4 Eßl. Weinessig,
2 Teel.
brauner Zucker,
½ gehackte
Pfefferschote,
Salz,
4 feste, große
Bananen,
125 g roher Schinken,
2 Eßl. frisch geriebene
Kokosnuß,
Limonenschnitze
zum Garnieren.**

Wasser mit dem Essig vermischen. Den Zucker, die Pfefferschote und 1 Prise Salz zufügen und bei mittlerer Hitze 6–7 Minuten kochen.
Die Bananen schälen, der Länge nach halbieren und nebeneinander in eine flache Schale legen. Die heiße Würzflüssigkeit durch ein Sieb über die Bananen gießen. Die Schale kalt stellen.
Den Schinken fein würfeln, mit der Kokosnuß mischen und über die Bananen streuen. Die Schale mit Folie abdecken und einige Stunden in den Kühlschrank stellen. Vor dem Servieren mit Limonenschnitzen garnieren. Die Kokosnußbananen sollten sehr kalt serviert werden.
Dazu keine Beilagen, sondern nur einen gut gekühlten Rosé reichen.

Spargel mit Hummerkrabben

# Mousse aux Coquilles St. Jacques

(Mousse von Jakobsmuscheln)
4 Portionen à ca. 1150 kJ (275 kcal)
**250 g tiefgekühlte Jakobsmuscheln,
1 Eiweiß,
1 kräftige Prise Salz,
2 Eßl. Crème fraîche,
schwarzer Pfeffer aus der Mühle,
125 g großblättriger Spinat,
3 Möhren,
1 Staude Bleichsellerie,
2 Zwiebeln,
15 g Butter,
⅛ l süße Sahne,
1 Teel. abgeriebene Zitronenschale.**

Muschelfleisch antauen lassen, mit Eiweiß und Salz im Mixer pürieren. Dann mit der Crème fraîche mischen, pfeffern und kühl stellen.
Den Spinat entstielen, behutsam waschen und 1 Minute in kochendem Wasser blanchieren, nicht umrühren, die Blätter müssen ganz bleiben. In ein Sieb geben, mit kaltem Wasser abbrausen und abtropfen lassen.
Möhren und Sellerie putzen und in Streifen schneiden. Die Zwiebeln schälen und fein hacken. Butter in einem Topf erhitzen und Zwiebelwürfel unter Rühren glasig dünsten. Möhren, Sellerie und 1 Prise Salz dazugeben und zugedeckt 2 Minuten dünsten.
Die Spinatblätter auf einem großen Brett so ausbreiten, daß sie sich überlappen. Die gekühlte Muschelfarce auf die Spinatblätter streichen, die Blätter fest zusammenrollen. Die Rolle auf das gedünstete Gemüse in den Topf setzen und bei geringer Hitze 8–10 Minuten dünsten. Dann die Rolle vorsichtig herausheben und auf ein Brett setzen.
Das Gemüse auf vorgewärmten Tellern anrichten, die Spinatrolle mit der Coquilles-Mousse in Scheiben schneiden und dazu arrangieren. Die Sahne aufkochen, abgeriebene Zitronenschale dazugeben und über die Mousse-Scheiben gießen.
Dazu frisches Stangenweißbrot und einen kräftigen, würzigen Weißwein reichen.

# Entenbrust mit Artischockensalat

4 Portionen à ca. 2860 kJ (685 kcal)
**2 ausgelöste, frische Entenbrüste,
Salz,
weißer Pfeffer aus der Mühle,
6–7 Eßl. Öl,
50 g Butter,
400 g Artischockenherzen aus der Dose,
2 kleine Tomaten,**

Entenbrüste zunächst gut mit Salz und Pfeffer einreiben, dann mit etwas Öl bepinseln. Das Fleisch in eine Schüssel legen und zugedeckt 2–3 Stunden bei Zimmertemperatur ziehen lassen.
In einer Pfanne die Butter erhitzen. Die Entenbrüste hineingeben und unter ständigem Wenden 7–8 Minuten bei mittlerer Hitze braten. Dann das Fleisch aus der Pfanne nehmen und abkühlen lassen.
Die Artischockenherzen abtropfen lassen. Die Tomaten einige Minuten in heißes Wasser legen, häuten, halbieren und die

**1 Zwiebel,
1 Eßl. Weißweinessig,
1 Eßl. Zitronensaft,
1 Prise Lemon Pepper,
2 Teel. rosa
Pfefferkörner,
Kopfsalatblätter
zum Anrichten.**

Stengelansätze entfernen. Dann nicht zu klein würfeln. Die Zwiebel schälen und in sehr feine Ringe schneiden.
Die Artischockenherzen halbieren und mit den Zwiebelringen, Tomatenwürfeln und der Petersilie mischen. Den Essig mit dem Zitronensaft und dem restlichen Öl verrühren. Mit Salz und 1 Prise Pfeffer abschmecken.
Die Entenbrüste in Scheiben schneiden. Auf einer Platte oder auf Portionstellern anrichten und mit den rosa Pfefferkörnern bestreuen.
Neben den Fleischscheiben einige Kopfsalatblätter schalenförmig zusammenlegen. Artischockensalat einfüllen und mit der Marinade übergießen.
Dazu in Alufolie gegarte Kartoffeln (mehlige Sorte wählen!) und gut gekühlten Rosé reichen.

**Tip** *Bei der angegebenen Bratzeit bleibt das Entenfleisch innen saftig und rosafarben. Wer das Fleisch lieber durchgebraten mag, muß 12–15 Minuten Bratzeit rechnen. Es empfiehlt sich dann auch, statt der Butter Butterschmalz zu verwenden, da es beim Braten nicht so schnell braun wird.*

# Thunfisch-Pâté

5 Portionen à ca. 960 kJ (230 kcal)

**1 Dose Thunfisch
naturelle (210 ml),
100 g Butter,
1 Eßl. Öl,
Salz,
3 Teel. Zitronensaft,
1 Teel. geriebene
Zwiebel,
schwarzer Pfeffer
aus der Mühle,
1 Eßl. Cognac,
1 Knoblauchzehe,
8 mit Pimientos
gefüllte Oliven,
Zitronenachtel
zum Anrichten.**

Thunfisch abtropfen lassen. Fischstücke und Butterflöckchen in den Mixer geben. Öl, 1 Prise Salz, Zitronensaft, Zwiebel, Pfeffer, Cognac und geschälte, zerdrückte Knoblauchzehe hinzufügen. Alles bei Stufe 1 cremig rühren, dann abschmecken und eventuell nachwürzen.
Eine Schüssel mit kaltem Wasser ausspülen und die Pâté hineinstreichen. Mit Alu- oder Klarsichtfolie abdecken und für 2 Stunden in den Kühlschrank stellen.

Vor dem Servieren die Schüssel kurz in heißes Wasser tauchen und die Pâté auf eine Platte stürzen. Mit in Scheiben geschnittenen Oliven und Zitronenachteln garnieren.
Dazu Weißbrot und Kopfsalat in einer milden Marinade reichen. Als Getränk passen sowohl ein trockener, gut gekühlter Sherry (Fino) als auch ein trockener Weißherbst oder trockener Rosé.

# Kartoffel-Schnecken-Soufflé

4 Portionen à ca.
1860 kJ (445 kcal)
**500 g mehlig
kochende Kartoffeln,
Salz,
6 Eier,
2 Knoblauchzehen,
80 g Butter,
4 EBl. Crème fraîche,
1 geh. EBl.
Kartoffelmehl,
24 Schnecken
aus der Dose,
1 Prise
Cayennepfeffer,
1 Teel. frischer oder
½ Teel. getrockneter
Thymian.**

Kartoffeln waschen, schälen, in Stücke schneiden und in Salzwasser gar kochen. Das Kochwasser abgießen, die Kartoffeln noch heiß durch ein Sieb streichen.
Die Eier trennen, das Eiweiß kühl stellen. Die Knoblauchzehen schälen und mit breitem Messerrücken zerdrücken. Die Butter cremig rühren und nach und nach die Eigelb dazugeben. Crème fraîche, Kartoffelmehl und gehackte Schnecken unterziehen, mit wenig Cayennepfeffer, Thymian, Salz und Knoblauch würzen.
Das Kartoffelpüree mit der Kartoffelmasse mischen, dafür aber keinen Elektroquirl benutzen. Die Eiweiß mit 1 Prise Salz schnittfest schlagen und unterheben.
Eine hohe Auflaufform von 1 Liter Inhalt einfetten. Die Soufflé-Masse bis ¾ unter den Rand einfüllen. Auf die unterste Schiene des vorgeheizten Backofens (180°, Gas Stufe 2) stellen und 40–45 Minuten backen. Danach sofort in der Form auftragen, da das Soufflé schnell zusammenfällt. Dazu schmeckt am besten ein vollmundiger Weißwein.

# Sauerampfer-Soufflé

4 Portionen à ca.
1335 kJ (320 kcal)
**150 g trockenes,
geriebenes Weißbrot
ohne Rinde,
⅛ l Milch,
500 g frischer
Sauerampfer,
50 g Butter,
4 Eier,
Salz,
Cayennepfeffer,
1 Prise Zucker,
Semmelbrösel
zum Ausstreuen.**

Von den Weißbrotbröseln 2 EBl. abnehmen und beiseite stellen. Die Milch erhitzen und über die restlichen Brösel gießen. So lange rühren, bis eine dicke Paste entsteht. Beiseite stellen und abkühlen lassen.
Sauerampfer waschen, trockenschwenken und grob hacken. In einem Stieltopf die Butter zerlassen und den Sauerampfer darin weichdünsten, mit dem Handmixer pürieren. Weißbrotpaste mit Sauerampferpüree mischen.
Die Eier trennen. Eigelb leicht verquirlen, unter die Sauerampfer-Weißbrotmasse arbeiten und die zurückbehaltenen Weißbrotbrösel dazugeben. Mit Salz, Cayennepfeffer und etwas Zucker abschmecken. Eiweiß mit 1 Prise Salz „schnittfest" schlagen und unter die Masse heben.
Eine Auflaufform von 1 Liter Inhalt einfetten und mit Semmelbrösel ausstreuen. Die Soufflé-Masse einfüllen. Die Form in ein Wasserbad stellen

Kartoffel-Schnecken-Soufflé

Sauerampfer-Soufflé

und im vorgeheizten Backofen (180°, Gas Stufe 2) ca. 50 Minuten backen. Dann sofort auftragen, da das Soufflé schnell zusammenfällt. Dazu Chesterstangen und herb-fruchtigen Weißwein wie z. B. Riesling oder Edelzwicker servieren.

**Tip** Einige Grundregeln für das Bakken von Soufflés:
* Die Eier müssen so frisch wie möglich sein.
* Das Eiweiß in einem absolut fettfreien Gefäß schlagen. Der Eischnee muß so fest sein, daß ein Schnitt mit dem Messer sich nicht wieder schließt. Einige Tröpfchen Zitronensaft erhöhen die Festigkeit.
* Die Seitenwände der Soufflé-Form müssen ganz gerade sein.
* Die Form nie höher als dreiviertelvoll füllen, da die Soufflé-Masse stark aufgeht.
* Soufflé grundsätzlich in der Form servieren, in der es auch gebacken wurde.
* Ein Soufflé fällt beim geringsten Luftzug zusammen. Darum sofort nach dem Backen mit einer Serviette bedecken und auf den Tisch bringen.

# Gestopfter Gänsehals

4 Portionen à ca. 2310 kJ (550 kcal)

**1 Gänsemagen,
50 g Gänseleber,
10 Mandeln,
1 Brötchen,
100 g Schinkenspeck,
125 g Rinderhackfleisch,
125 g Schweinehackfleisch,
1 Ei,
2 Eßl. Rosinen,
Salz,
schwarzer Pfeffer,
1 Prise Currypulver,
1 Schuß Sherry (Fino),
1 großer Gänsehals mit Haut,
50 g Bratfett,
Petersilie zum Garnieren.**

Gänsemagen von der Außen- und Innenhaut befreien und in wenig Salzwasser ca. 20 Minuten gar kochen. Dann fein hacken.
Die Gänseleber so fein schaben, daß sie musig wird, oder mit dem Elektroquirl kurz pürieren.
Mandeln einige Minuten in heißes Wasser legen, schälen und in feine Stifte schneiden oder klein hakken. Das Brötchen in Wasser einweichen und dann ausdrücken. Den Schinkenspeck fein würfeln. Rinder- und Schweinehackfleisch mit allen vorbereiteten Zutaten vermengen und das Ei darunterkneten.
Die Rosinen waschen, trockentupfen, zum Fleisch geben und alles mit Salz, Pfeffer, Curry und Sherry abschmecken.
Gänsehals gut putzen. Die Haut so von dem Hals lösen, daß sie in ganzer Länge erhalten bleibt. Mit der vorbereiteten Farce füllen und an beiden Enden zunähen.
In einem kleinen Eisentopf Bratfett erhitzen und den gefüllten Hals 15–20 Minuten darin rundherum braten. Dann aus dem Topf nehmen und abkühlen lassen. Gänsehals auf

eine Platte legen und zugedeckt im Kühlschrank 3 bis 4 Tage „reifen" lassen.
Zum Servieren den Gänsehals in hauchdünne Scheiben schneiden und auf einer Platte mit Petersilie garniert anrichten. Dazu frisches Toastbrot mit Butter und Cumberlandsauce oder Mango-Chutney servieren. Als Getränk passen ein leichter Rotwein oder ein spritziger Rosé.

# Gefüllte Madeira-Wachteln

4 Portionen à ca. 1210 kJ (290 kcal)

**Ca. 70 g Geflügelleber,
5 Eßl. Madeirawein,
4 bratfertige Wachteln,
Salz,
weißer Pfeffer aus der Mühle,
½ Teel. getrocknetes Basilikum,
30 g Butter,
30 g Butterschmalz,
15 g fetter Speck,
3 Eßl. süße Sahne,
4 Trüffel aus der Dose,
4 Eßl. Fleischbrühe,
1½ Blatt weiße Gelatine,
Mandarinenspalten zum Garnieren.**

Von den Geflügellebern mit einem spitzen Messer die Haut abziehen. Die Lebern mit 1 Eßlöffel Madeira beträufeln und zugedeckt bei Zimmertemperatur ca. 30 Minuten stehen lassen.
Die Wachteln innen mit Salz ausreiben. Pfeffer mit etwas Basilikum mischen und die Vögel damit außen und innen einreiben.
Die Butter und das Butterschmalz in einer Pfanne erhitzen und die Wachteln 20 Minuten von allen Seiten braun braten. Dann herausnehmen und abkühlen lassen.
Die trockengetupften Geflügellebern in der Wachtelbratbutter 2–3 Minuten braten. Herausnehmen und mit Salz, Pfeffer und Basilikum bestreuen.
Den Speck in grobe Würfel schneiden und mit den erkalteten Lebern im Mixer pürieren.
Die Sahne halb steif schlagen und behutsam unter das Leberpüree mischen. Das Püree in einen Spritzbeutel geben und die Wachteln zur Hälfte damit füllen. Auf das Püree 1 Trüffel legen, dann den Rest des Pürees in die Wachteln füllen.
Die Gelatine in kaltem Wasser einweichen, ausdrücken und in wenig heißer Fleischbrühe auflösen.
Den Madeira mit der Fleischbrühe vermischen und die aufgelöste Gelatine hineinrühren. Das Madeiragelee erkalten lassen. Sobald es zu stocken beginnt, die Wachteln damit in mehreren Schichten überziehen. Jede Schicht muß erst ganz erstarrt sein, bevor man die nächste darübergibt.
Die überglänzten Wachteln auf Portionstellern oder auf einer Platte, mit Mandarinenspalten garniert, anrichten.
Dazu schmecken Stangenweißbrot und Kopf- oder Spargelsalat.

# Bratensülze im Teller

4 Portionen à ca.
1150 kJ (275 kcal)

**½ l klare Fleischbrühe (siehe Seite 15 „Consommé double"),
4 EßI. Weinessig,
1 Lorbeerblatt,
4–5 Wacholderbeeren,
6 Blatt helle Gelatine,
400 g kalter Schweinebraten in dünnen Scheiben,
2 hartgekochte Eier,
4 kleine Gewürzgurken,
2 EßI. Kapern,
2 Tomaten,
1 Zwiebel.**

Fleischbrühe mit dem Weinessig, dem Lorbeerblatt und zerdrückten Wacholderbeeren aufkochen, bei geringer Hitze 15 Minuten köcheln lassen. Die Gelatine in kaltem Wasser einweichen, etwas ausdrücken, in ganz wenig heißer Fleischbrühe auflösen und in die Brühe rühren, die Sülzflüssigkeit zum Gelieren kalt stellen.
4 Teller mit kaltem Wasser abspülen. Etwas Sülzflüssigkeit als „Spiegel" hineingießen und im Kühlschrank erstarren lassen. Dann die Schweinebratenscheiben darauf verteilen.

Die Eier schälen und in Scheiben schneiden. Gurken in kleine Fächer schneiden und mit den Eiern zum Fleisch arrangieren. Die Kapern darüberstreuen.
Die Tomaten waschen und die grünen Stengelansätze entfernen, die Zwiebel schälen. Beides in Scheiben schneiden, ebenfalls auf die Bratenteller verteilen.
Wenn die Sülzflüssigkeit zu gelieren beginnt, diese über die Zutaten gießen und die Teller dann 1–2 Stunden kalt stellen. Dazu Bauernbrot, gesalzene Butter und Remouladensoße reichen.

# Geflügel-Obst-Sülzchen

4 Portionen à ca.
1110 kJ (265 kcal)

**Gut ½ l Hühnerbrühe,
⅛ l trockener Sherry (Fino),
12 Blatt weiße Gelatine,
⅛ l Weinessig,
1 Prise Zucker,
Salz,
1 gegrilltes Hähnchen,
125 g Erdbeeren,
2 Pfirsiche,
1 Scheibe frische Ananas,
4 EßI. geschlagene süße Sahne zum Anrichten.**

Hühnerbrühe erhitzen und mit dem Sherry vermischen.
Die Gelatine in kaltem Wasser einweichen, leicht ausdrücken, mit etwas heißer Brühe auflösen, dann in die Hühnerbrühe rühren. Mit Weinessig, Zucker und Salz abschmecken. Die Sülzflüssigkeit kalt stellen.
Hähnchenfleisch von den Knochen lösen und ohne die Haut fein würfeln.
Die Erdbeeren waschen, trocknen und in Achtel schneiden. Die Pfirsiche

kurz in heißes Wasser legen, dann häuten, entsteinen und das Fruchtfleisch würfeln.
Aus der Mitte einer frischen Ananas 1 mitteldicke Scheibe schneiden, schälen und den Innenkern herausschneiden. Fruchtfleisch würfeln.
4 große Tassen oder Förmchen mit Wasser ausspülen. Mit etwas Sülzflüssigkeit ausgießen, sobald diese zu gelieren beginnt. Diesen „Spiegel" im Kühlschrank etwas erstarren lassen. Dann den

Bratensülze im Teller

Geflügel-Obst-Sülzchen

Geleespiegel dekorativ mit den Obst- und Fleischwürfeln belegen. Mit der Flüssigkeit erneut übergießen und kalt stellen. Bei genügender Gelierfestigkeit wieder Fleisch und Früchte in die Förmchen einfüllen und bis zum Rand Sülzflüssigkeit auffüllen. 2–3 Stunden kalt stellen.
Zum Servieren die Förmchen kurz in heißes Wasser tauchen, Geflügel-Obst-Sülzen auf Teller stürzen und jeweils einen Eßlöffel ungesüßte, geschlagene Sahne daraufgeben.
Dazu ganz frisch geröstete Scheiben von Stangenweißbrot servieren. Als Getränk gut gekühlten trockenen Sherry (Fino) reichen.

# Hechtklößchen

4 Portionen à ca. 1140 kJ (270 kcal)

**400 g frischer, ausgenommener Hecht, 8 Eßl. süße Sahne, 1 Eiweiß, Salz, weißer Pfeffer aus der Mühle, 30 cl Weißwein, 20 cl Wasser, 1 Zwiebel, 50 g Butter, 1 Prise Zucker, Trüffel- oder Champignonscheiben aus der Dose zum Garnieren.**

Fisch schuppen, abspülen und mit Küchenkrepp trockentupfen. Längs des Rückenknochens die Haut mit einem spitzen Messer einritzen und abziehen. Fisch entgräten. Haut und Gräten in einen Topf geben, mit Wasser bedecken und bei mittlerer Hitze 15 Minuten kochen. Die Flüssigkeit in einen anderen Topf seihen und auf 1 Tasse Sud einkochen. Hechtfleisch mit 4 Eßlöffeln Sahne, Eiweiß, 1 Prise Salz und Pfeffer im Mixer auf Stufe 3 pürieren.
In einem großen Topf Wein und Wasser zum Kochen bringen. Die Hitze zurückschalten und 2 Tassen mit der Öffnung nach unten in den Topf setzen. Von der Hechtmasse mit Löffeln längliche Klößchen abstechen und auf einen mit Wasser abgespülten flachen Teller legen. Den Teller auf die Tassen im Topf setzen und den Topf fest schließen. Die Klößchen 7 Minuten bei mittlerer Hitze garen.
Zwiebel schälen, fein hacken und in zerlassener Butter hellgelb dünsten. Mit dem Elektroquirl die restliche Sahne gut untermischen. Die Zwiebelsahne in einem Töpfchen erhitzen, aber nicht kochen lassen. Mit dem Rest Weißwein, Salz und 1 Prise Zucker abschmecken.
Die Hechtklößchen auf einer vorgewärmten Platte anrichten und mit Trüffel- oder Champignonscheibchen belegen. Die Soße um die Klößchen gießen.
Dazu passen Safranreis oder auch selbstgemachte Eierbandnudeln sowie Blattspinat.

# Angels on horseback

(Engel zu Pferde)

4 Portionen à ca.
1400 kJ (330 kcal)

**20 frische Austern,
1 Prise englisches
Senfpulver,
Saft von 1½ Zitronen,
2 EBl. gehackte Kräuter
(Petersilie, Estragon,
Borretsch und Kerbel),
10 hauchdünne Scheiben Frühstücksspeck,
2–3 EBl. Butterschmalz,
4 Scheiben Weißbrot,
1 Prise Cayennepfeffer.**

Austern vom Fischhändler oder selbst aus der Schale lösen und mit ihrem Saft in eine Schüssel legen.
Senfpulver mit einigen Tropfen heißem Wasser auflösen. Mit dem Zitronensaft und den Kräutern mischen. Die Essenz über die Austern geben und 15 Minuten beizen. Dann die Austern mit Küchenpapier trocknen.
Die Speckscheiben einmal teilen. Jede Auster in eine halbe Speckscheibe wickeln. Die „Mini-Rouladen" auf hölzerne Zahnstocher spießen.

Das Butterschmalz in einer Pfanne erhitzen und die Spießchen darin schnell rundum kroß braten. Das Weißbrot auf 4 vorgewärmte Teller legen und auf jeder Brotscheibe 5 Speckaustern anrichten. Cayennepfeffer darüberstäuben.
Diese englische Spezialität mit einem gut gekühlten Sherry (Fino) oder einem Glas Sekt (trocken) servieren.

# Kaviar-Tomaten

4 Portionen à ca.
610 kJ (145 kcal)

**4 kleine Tomaten,
3 EBl. Dillessig oder
Kräuteressig,
1 EBl. Zitronensaft,
4 EBl. Öl,
Salz,
1 Prise Zucker,
weißer Pfeffer
aus der Mühle,
1 hartgekochtes Ei,
1 Glas Keta-Kaviar
(62,5 g),
Dillspitzen
zum Garnieren.**

Tomaten einige Minuten in heißes Wasser legen, dann häuten und einen kleinen Deckel abschneiden. Mit einem Teelöffel vorsichtig die Tomaten aushöhlen. Den Essig mit dem Öl verrühren und mit je 1 Prise Salz, Zucker und Pfeffer würzen. Die Marinade in die Tomaten füllen und mindestens 1 Stunde ziehen lassen. Nach dem Marinieren den Saft aus den Tomaten gießen.
Das hartgekochte Ei schälen, würfeln und in die 4 Tomaten verteilen. Dann die Tomaten bis zum Rand mit Kaviar füllen. Darauf einen kleinen Dillzweig legen.
Dazu Weißbrot oder Toast mit Butter reichen.

**Tip** *Geschirr und Bestecke, die mit Kaviar in Berührung kamen, immer zuerst kalt abwaschen, dann heiß nachspülen. Nimmt man gleich heißes Wasser, so klebt das Kaviarfett an Geschirr und Bestecken.*

# Mousse au fromage

(Mousse von Käse)
4 Portionen à ca.
2215 kJ (530 kcal)

**200 g Gorgonzola,
100 g Frischrahmkäse,
5 EBl. halbtrockener
Sherry (Amontillado),
⅛ l süße Sahne,
1 Pckg. Sahnesteif,
Butter zum Einfetten,
200 g dunkle
Weintrauben,
50 g geschälte, gehackte Pistazienkerne.**

Gorgonzola durch ein Sieb streichen und zusammen mit dem Frischrahmkäse und Sherry cremigrühren. Die Sahne mit Sahnesteif schlagen, bis sie „schnittfest" ist. Löffelweise die Käsecreme und Sahne zu einer Mousse mischen.
Eine kleine Ringform mit Butter einfetten und die Mousse hineinfüllen. Für ca. 2 Stunden in den Kühlschrank stellen.
Die Weintrauben waschen, trockentupfen und die Beeren von den Stielen zupfen.
Die Form mit der Käse-

Mousse kurz in heißes Wasser tauchen und die Mousse auf eine Platte stürzen. Die Pistazienkerne darüberstreuen, die Weinbeeren in die Mitte des Ringes geben.
Dazu verschiedene Brotsorten mit Butter und weißen oder roten Landwein reichen.
<u>Variation:</u> Als Beilage eignen sich z. B. auch geschälte und in Würfelchen geschnittene Pfirsiche oder Birnen.

# Liebstöckelschnecken

4 Portionen à ca.
1550 kJ (370 kcal)

**24 Schnecken
aus der Dose,
2 Schalotten,
30 g Butter,
6 cl Weißwein,
gut ¼ l süße Sahne,
½ Teel. frischer,
gehackter Liebstöckel
oder Beifuß,
Salz,
schwarzer Pfeffer
aus der Mühle,
½ Teel. Zitronensaft.**

Schnecken abtropfen lassen. Schalotten schälen und fein hacken.
Die Butter in einer Pfanne schmelzen und die Schalottenwürfel 1 Min. darin Farbe nehmen lassen.
Die Schnecken dazugeben und unter Rühren 1 Minute braten. Den Weißwein zugießen und bei geringer Hitze bis auf einen kleinen Rest einkochen.
Die Sahne in die Pfanne rühren und zugedeckt alles gut 20 Minuten köcheln lassen. Einige Male umrühren.
Den Liebstöckel über die

Schnecken streuen und mit Salz, Pfeffer und dem Zitronensaft würzen. In eine vorgewärmte Schüssel geben oder auf 4 Portionsteller verteilen und sofort servieren. Dazu Weißbrot und trokkenen Weißwein reichen.

**Tip** *Man kann dieses Schneckenragout auch in kleinen, fertig gekauften Blätterteigpasteten servieren. Die Pasteten vorher im Backofen erwärmen.*

Mousse au fromage

# Sautierter Rogen

4 Portionen à ca.
1360 kJ (325 kcal)
**4 Herings- oder Maifischrogen,
Salz,
schwarzer Pfeffer aus der Mühle,
50 g Mehl,
125 g Butter,
1 Teel. Worcestersauce,
2 Teel. Zitronensaft,
2 Eßl. feingehackter Schnittlauch,
1 Eßl. feingehackte Petersilie,
Zitronenschnitze zum Garnieren.**

Mit einem scharfen Messer die dünnen Häutchen von den Rogen abziehen. Die Rogen mit Salz und Pfeffer bestreuen und dann in Mehl wälzen. 90 g Butter in einer schweren Pfanne schmelzen und aufschäumen lassen. Wenn sich der Schaum verflüchtigt, die Rogen hineingeben und auf jeder Seite 6 Minuten braten. Die Rogen sollen schnell bräunen, dürfen aber nicht trocken werden. Nach dem Braten auf eine vorgewärmte, feuerfeste Platte legen und warm stellen.
Die Worcestersauce und den Zitronensaft in die Bratbutter rühren. Den Schnittlauch und die Petersilie in die Soße streuen und unterrühren. Die restliche Butter in Flöckchen in die Pfanne geben und zergehen lassen. Dann die Soße über die Rogen gießen. Mit einigen Zitronenschnitzen garnieren und sofort servieren.
Dazu Grahambrot und einen herzhaften Tomatensalat reichen.

**Tip** *Zum Rogen werden auch oft geröstete Speckscheiben serviert. Es ist aber zu bedenken, daß Räucherspeck einen intensiven Eigengeschmack hat, der leicht den spezifischen Geschmack des Rogens überdecken kann.*

# „Scharfes" Erdbeerbrot

4 Portionen à ca.
960 kJ (230 kcal)
**200 g Doppelrahmfrischkäse,
2 Eßl. Portwein oder trockener Sherry (Fino),
Salz,
250 g Erdbeeren,
4 große Scheiben frisches Bauernbrot,
grüne Pfefferkörner aus dem Glas,
frische Minze- oder Zitronenmelisseblättchen zum Garnieren.**

Käse mit Portwein oder Sherry cremig rühren und mit Salz mild abschmecken.
Die Erdbeeren waschen, die Stiele auszupfen, die Früchte auf Küchenkrepp trocknen und halbieren. Die Brotscheiben mit der Käsecreme bestreichen und mit den Erdbeerhälften bedecken. Grüne Pfefferkörner mit einer breiten Messerklinge zerdrücken und auf die Erdbeeren streuen. Mit Minze- oder Melisseblättchen garnieren.
Dazu schmecken trockener Sekt oder auch ein Glas Champagner.

**Tip** *Beeren, vor allem Himbeeren und Erdbeeren, verlieren beim Waschen leicht Saft. Darum diese Früchte immer ungeputzt mit den grünen Kelchblättern und den Stielen abbrausen.*

# Geflügelleber mit Weinbeeren

4 Portionen à ca.
1490 kJ (360 kcal)

**200 g Weintrauben,
500 g Geflügelleber,
60–70 g Butter,
Salz,
schwarzer Pfeffer
aus der Mühle,
geriebene Muskatnuß,
2–3 Eßl. Cognac.**

Weintrauben waschen und mit Küchenkrepp trocknen. Die Beeren abzupfen, halbieren und entkernen.
Die Lebern waschen, trocknen und in nicht zu kleine Würfel schneiden. Butter in einer Pfanne erhitzen und die Leberwürfel darin schnell anbraten. Mit 1 Prise Salz, Pfeffer und Muskatnuß würzen. Weinbeeren und Cognac zufügen. Die Pfanne zudecken und alles 3 Minuten bei geringer Hitze schmoren lassen. Dann abschmecken und eventuell etwas nachwürzen.

Die Leber mit den Weinbeeren auf vorgewärmte Teller verteilen und sofort servieren.
Dazu Weißbrot oder frischen Toast, trockenen Riesling oder Sekt reichen.

**Tip** *Am besten eignet sich Gänse- oder Putenleber für dieses Gericht. Die Geflügelleber darf aber auf keinen Fall zu lange braten, da sie sehr schnell austrocknet und dann fad im Geschmack wird.*

# Kalte Schweinefleischröllchen

4 Portionen à ca.
2560 kJ (610 kcal)

**4 Schweineschnitzel
à ca. 125 g,
Salz,
schwarzer Pfeffer
aus der Mühle,
2 Kalbsbratwürste,
2 Zwiebeln
3 Eßl. gehackte
Petersilie,
4 Scheiben roher
Schinken ohne
Fettrand,
30 g Bratfett,
Salatblätter und
Tomatenachtel zum
Garnieren.**

Schnitzel sehr flach klopfen und ganz wenig salzen und pfeffern. Das Brät aus den Wursthäuten herausdrücken und die Schnitzel damit bestreichen. Die Zwiebeln schälen, würfeln, mit der Petersilie mischen und auf die Schnitzel streuen. Noch einmal ein wenig pfeffern. Schinkenscheiben darauflegen. Das Ganze zusammenrollen und mit Rouladenspießchen feststecken.
Das Bratfett in der Pfanne erhitzen. Die Schnitzelröllchen bei mittlerer bis geringer Hitze langsam darin 8 Minuten braten, die letzten 2 Minuten unter dem Deckel. Rouladen herausnehmen und erkalten lassen. In dünne Scheiben schneiden. Auf einer Platte mit Salatblättern anrichten und mit einigen Tomatenachteln garnieren.
Dazu Brot, Butter und einen würzigen Pilzsalat servieren.

Kleine Feste verlangen keine großen Menüs. Gemütliches Zusammensein regt vielmehr dazu an, auch etwas Besonderes bieten zu wollen. Für derartige Anlässe sind diese feinen Gerichte gedacht, die nicht üppig, aber doch zum Sattwerden sind.

# Für Genießer: Mahlzeiten, raffiniert und erlesen

Makrele mit Stachelbeersoße
Rezept nächste Seite

# Makrelen mit Stachelbeersoße

4 Portionen à ca.
3360 kJ (800 kcal)

**4 küchenfertige Makrelen à ca. 300 g,
Saft von 1 Zitrone,
Salz,
schwarzer Pfeffer aus der Mühle,
1 Bund Suppengrün,
50 g Butter,
250 g Stachelbeeren,
125 g Spinat,
3 EBl. Crème fraîche,
1 Prise Zucker,
2–3 EBl. Weißwein.**

(Foto Seite 80/81)

Makrelen innen und außen gründlich abspülen und mit Küchenkrepp trockentupfen, dann innen mit Zitronensaft, Salz und Pfeffer einreiben.
Suppengrün putzen, in grobe Stücke teilen und mit 15 g Butter und etwas Salz in 1 l Wasser 10 Minuten kochen. Den Sud mit dem Gemüse in einen Fischkochtopf geben, die Makrelen auf den gefetteten Einsatz legen. Den Topf zudecken und den Fisch bei mittlerer Hitze 10–12 Minuten garziehen lassen. Wer keinen Fischkochtopf besitzt, legt die Makrelen direkt in den Sud.
Stachelbeeren und den verlesenen Spinat waschen. Den Spinat abtropfen lassen, von den Stachelbeeren Stiele und Blüten entfernen. Dann zusammen mit dem Spinat in ganz wenig Wasser in 10 Minuten weichkochen, anschließend durch ein Haarsieb streichen.
Die restliche Butter in einem Stieltopf erhitzen. Das Spinat-Stachelbeer-Püree und die Crème fraîche dazugeben und mit Salz und Zucker pikant würzen. Mit dem Weißwein mischen und die Soße kurz aufkochen lassen.
Die Makrelen abtropfen lassen, auf einer vorgewärmten Platte anrichten, mit der Soße übergießen und sofort servieren.
Dazu schmecken Kartoffel-Gratin und ein Riesling.

# Thunfischsteaks mit Tomaten

4 Portionen à ca.
1425 kJ (340 kcal)

**4 Scheiben frischer oder tiefgekühlter Thunfisch à ca. 200 g,
Salz,
weißer Pfeffer,
8 kleine, feste Tomaten,
50 g Butter,
1–2 EBl. gehackter Schnittlauch,
1 Zitrone.**

Thunfischscheiben mit Salz und Pfeffer einreiben. Die Tomaten waschen und abtrocknen. Die Butter in einer Pfanne erhitzen, die Fischscheiben und die ganzen Tomaten dann 5 Minuten braten. Die Fischstücke nach 2½ Minuten wenden.
Thunfischsteaks auf einer vorgewärmten Platte anrichten. Jedes Steak mit 2 Tomaten garnieren und alles mit Schnittlauchröllchen bestreuen. Die Zitrone in Schnitze teilen und zwischen die Thunfischsteaks setzen.
Dazu Kräuterreis oder knuspriges Stangenweißbrot und einen kühlen Rosé servieren.

# Roquefortbirnen auf Steaks

4 Portionen à ca.
2135 kJ (510 kcal)
**4 Rumpsteaks
à ca. 200 g,
grob geschroteter
Pfeffer,
4 Eßl. trockener
Sherry (Fino),
1/8 l Wasser,
1 Teel. Zitronensaft,
1 Prise Zucker,
1 kleines Stück
Stangenzimt,
2 Nelken,
2 große, feste Birnen
(z. B. Williams Christ
oder Clapps Liebling),
125 g Roquefort,
Öl zum Grillen oder
50 g Bratfett.**

Fettrand der Rumpsteaks mehrmals einkerben und die Steaks gut mit Pfeffer und 2 Eßlöffeln Sherry einreiben. Das Fleisch zugedeckt 2–3 Stunden ziehen lassen.
Wasser in einen Topf gießen, Zitronensaft, Zucker, Stangenzimt und Nelken dazugeben. Die Birnen schälen, halbieren und das Kerngehäuse entfernen. Die Hälften in den Topf legen und bei geringer Hitze in 5 Minuten halbgar dünsten. Birnen herausnehmen, abtropfen lassen.
Den Käse mit dem Rest Sherry verrühren und in die Birnenhälften füllen. Nach der Marinierzeit die Steaks trockentupfen, mit Öl bestreichen und unter den heißen Grill schieben. Nach 4 Minuten die Steaks wenden und noch einmal 2 Minuten grillen. Dann das Fleisch salzen. Die Birnenhälften auf die Steaks setzen und wieder 2–3 Minuten grillen. Der Käse soll geschmolzen und auf den Birnen und dem Fleisch verlaufen sein. Steaks auf vorgewärmten Tellern sofort servieren.
Dazu frisches Weißbrot, knackigen grünen Salat und trockenen Weißwein reichen.
<u>Hinweis:</u> Die Steaks können auch in der Pfanne auf jeder Seite 2½ Min. gebraten werden. Dann mit den Käsebirnen in den vorgeheizten Backofen (250°, Gas Stufe 6) schieben und 4–5 Min. überbacken.

# Seezungen-Timbale

6 Portionen à ca.
2135 kJ (510 kcal)
**375 g Merlanfilets,
Salz,
weißer Pfeffer
aus der Mühle,
2 Becher süße Sahne
à 125 g,
1 Eiweiß,
½ rote Paprikaschote,
1 Eßl. gehackter Dill,
Butter zum Einfetten,
12 Seezungenfilets
à ca. 60 g,
3 Schalotten,**

Merlanfilets kurz abspülen, mit Küchenkrepp trockentupfen, in grobe Würfel schneiden und im Mixer pürieren. Mit Salz, Pfeffer, 1 Becher eiskalter Sahne und dem Eiweiß in einer Schüssel, die in einem Bett von Eiswürfeln steht, cremig rühren. In den Kühlschrank stellen. Die Paprikaschote putzen, waschen, trockentupfen und fein würfeln. Die Hälfte der Fischfarce mit Paprika, die andere mit dem Dill vermischen.
Eine Ringform von 1 l Inhalt einfetten. Die Seezungenfilets so hineinlegen, daß beide Enden über den Formenrand hinaushängen. Nun die Hälfte der Dillfarce einfüllen, die Paprikamasse daraufgeben und mit der restlichen Dillfarce abschließen. Die Filetenden

⅛ l Weißwein,
½ Dose Hummersuppe (200 g),
1 Prise Cayennepfeffer,
Dillspitzen zum Verzieren.

über der Masse zusammenschlagen.
Die Ringform mit gefetteter Alufolie bedecken. Die Pastete in ein Wasserbad stellen. Das Wasser soll bis 2 cm unter den Formrand reichen. Im vorgeheizten Backofen (180°, Gas Stufe 2) 40 Minuten garen. Dann die sich gebildete Flüssigkeit vorsichtig abgießen und die Timbale auf eine vorgewärmte Platte stürzen, warm stellen.
Die Schalotten schälen, sehr fein hacken und in einem Topf mit dem Wein 2 Minuten dünsten. Den zweiten Becher Sahne, die Hummersuppe und den Fischfond dazugeben und in etwa 10 Minuten dicklich einkochen lassen. Die Soße mit Cayennepfeffer würzen. Etwas Soße über die Timbale gießen, mit einigen Dillspitzen garnieren. Den Rest der Soße in eine Sauciere füllen und getrennt zu der Timbale servieren.
Dazu Safranreis und trockenen Weißwein reichen.

# Babysteinbutt in Zitronensoße

4 Portionen à ca. 2910 kJ (695 kcal)

**1 Babysteinbutt (ca. 1,5 kg),
1 Zwiebel,
¼ Karotte,
½ Lorbeerblatt,
8 weiße Pfefferkörner,
50 g Butter,
1 Becher süße Sahne (200 g),
⅛ l Weißwein,
Zitronensaft,
Salz,
Pfeffer aus der Mühle,
je 1 unbehandelte Zitrone und Limone zum Garnieren.**

Vom Steinbutt die Filets lösen und enthäuten. Die Innereien und Kiemen entfernen und Gräten und Kopf grob zerteilen. Geschälte Zwiebel und Karotte in Scheiben schneiden. Gemüse mit den Fischgräten, dem Lorbeerblatt und den Pfefferkörnern in etwas Fett 2–3 Minuten anschwitzen. 1 l Wasser zugießen und bei geringer Hitze im offenen Topf 35 Minuten kochen. Den Fischsud durch ein Sieb gießen, Sahne und Wein zufügen und um die Hälfte einkochen. Fischfilets in einen gefetteten Topf legen, mit etwas Fischsoße begießen und in 5 Min. bei mittlerer Hitze garziehen lassen.
Fisch auf vorgewärmten Tellern anrichten. Die Soße mit Zitronensaft, Salz und Pfeffer abschmecken und über den Fisch gießen.
Als Garnitur die dünn abgeschälten und 3 Minuten in Wasser gekochten Schalen der Zitrone und Limone verwenden sowie dünne Zitronenscheiben ohne Schale.
Dazu Bandnudeln, in Butter geschwenkt, oder ofenfrisches Stangenweißbrot und einen trockenen Rießling servieren.

Babysteinbutt in Zitronensoße

# Venusmuscheln in Weißwein

4 Portionen à ca.
940 kJ (225 kcal)
**1 hartgekochtes Ei,
3 EßI. Olivenöl,
75 g feingehackte
Zwiebeln,
1 Teel. feingehackter
Knoblauch,
2 EßI. grobe Weißbrotkrumen ohne Kruste,
24 große
Venusmuscheln,
¼ l trockener
Weißwein,
schwarzer Pfeffer
aus der Mühle,
Salz,
2 EßI. gehackte
Petersilie,
Zitronenspalten
zum Garnieren.**

Das Ei schälen. Eigelb durch ein Sieb streichen, Eiweiß fein hacken. Das Öl in einer Pfanne rauchheiß werden lassen. Die Zwiebeln und den Knoblauch hineingeben und unter ständigem Rühren 5 Minuten glasig braten. Das Brot und das Eigelb hineinrühren. 5 Minuten schmoren, bis fast alle Flüssigkeit eingekocht ist und sich ein glatter Brei gebildet hat. Beiseite stellen.
Die Muscheln unter fließendem Wasser gründlich abbürsten. Mit der Schließmuskelseite nach unten in eine Pfanne legen, den Wein dazugießen und bei starker Hitze zum Kochen bringen. Pfanne zudecken und die Muscheln bei geringer Hitze 8–10 Minuten dünsten, bis sie sich geöffnet haben. Mit einem Schaumlöffel die Muscheln herausheben und auf eine vorgewärmte Platte legen. Noch geschlossene Muscheln nicht verwenden. Die in der Pfanne verbliebene Flüssigkeit durch ein feines Sieb in den Topf zu der Zwiebel-Knoblauch-Ei-Mischung streichen und aufkochen lassen. Mit Pfeffer und Salz abschmecken.
Die Soße über die Muscheln gießen, das Eiweiß und die Petersilie darüberstreuen, mit den Zitronenspalten garnieren. Sofort servieren. Dazu frisches Weißbrot und den Wein, der auch zum Kochen verwendet wurde, reichen.

# Erbsentorte mit Minze

4 Portionen à ca.
4290 kJ (1025 kcal)
**250 g Mehl,
125 g kalte Butter,
Salz,
knapp 2 EßI. eiskaltes
Wasser,
125 g Rinderhackfleisch,
125 g Lammhackfleisch,
1 Prise
Knoblauchpulver,
1 Prise zerriebener
Oregano,**

Mehl, Butter und 1 Teelöffel Salz mischen und mit den Fingern schnell zu Streuseln reiben. So viel Wasser zugeben, daß der Teig gerade bindet. Einmal kräftig durchkneten, dann den Teig zu einer Kugel formen und kalt stellen.
Rinder- und Lammhackfleisch mit Knoblauchpulver, Oregano, Salz und Pfeffer gut vermischen.

¾ des Bratfetts erhitzen und das Fleisch unter Rühren kurz anbraten, aber nicht braun werden lassen. Beiseite stellen.
In einem Topf mit wenig Salzwasser die unaufgetauten Erbsen kurz aufkochen lassen, dann bei geringer Hitze zugedeckt 5 Minuten garen. Abgießen und mit Salz, Cayennepfeffer und Zucker würzen und erkalten lassen.

schwarzer Pfeffer
aus der Mühle,
30 g Bratfett,
1 Pckg. TK-Erbsen
(300 g),
Cayennepfeffer,
1 Prise Zucker,
1½ Eßl. frische
Minzeblättchen,
1 Eßl. gehackte
Petersilie,
200 g Frischrahmkäse,
⅛ l süße Sahne,
3 Eier,
Mehl zum Ausrollen,
1 hartgekochtes
Ei zum Garnieren.

Mit 1 Eßl. klein gezupfter Minzeblättchen und der Petersilie mischen. Den Frischrahmkäse mit der süßen Sahne und den Eiern verrühren.
Den gekühlten Mürbeteig noch einmal durchkneten und auf einer dünn bemehlten Fläche ausrollen. Eine Springform von 26 cm Durchmesser einfetten und mit dem Teig auslegen. Den Teigboden mehrmals mit einer Gabel einstechen. Das Hackfleisch darauf verteilen.

Die Erbsen darübergeben und vorsichtig etwas andrücken. Die Eimasse darübergießen. Im vorgeheizten Backofen (180°, Gas Stufe 2) 50–60 Minuten backen.
Das hartgekochte Ei schälen und in Scheiben schneiden. Die Torte auf eine Platte geben und mit dem Ei und den restlichen Minzeblättchen verzieren.
Dazu schmeckt ein kühler Rosé ebenso wie ein kräftiges Bier.

# Täubchen „Arosa"

4 Portionen à ca.
2550 kJ (610 kcal)
**4 bratfertige junge
Tauben à ca. 400 g,
Salz,
Saft von 1 Zitrone,
2–3 Eßl. Olivenöl,
100 g Kräuterbutter,
fertig gekauft,
60 g Butter,
1 Pckg. TK-Erbsen
(450 g),
1 Teel. frische,
gehackte Pimpinelle,
weißer Pfeffer
aus der Mühle,
1 Prise Zucker,
Zitronenschnitze
zum Garnieren.**

Tauben mit einem scharfen Messer auf dem Rücken der Länge nach einschneiden und mit der Handfläche flach drücken. Die Unterseite mit Salz einreiben. Den Rücken mit Zitronensaft und Olivenöl bestreichen. Dann 30 Minuten zugedeckt ziehen lassen.
Die Kräuterbutter zu Kugeln formen und in den Kühlschrank stellen.
Die Tauben in eine flache, feuerfeste Form legen. 50 g Butter erhitzen und zu den Tauben gießen. Im vorgeheizten Backofen (200°, Gas Stufe 3) 15–20 Minuten braten. Die Täubchen sollen außen knusprig braun und innen saftig sein.
Die unaufgetauten Erbsen in ganz wenig Wasser

und mit der restlichen Butter gar dünsten, mit Pimpinelle, Pfeffer, Salz und etwas Zucker abschmecken.
Die fertig gebratenen Tauben auf einer vorgewärmten Platte anrichten, mit den gekühlten Butterkugeln und den Zitronenschnitzen garnieren.
Täubchen zusammen mit der Erbsen-Beilage sofort auftragen.
Dazu kann man noch ein Kartoffel-Gratin oder auch Herzoginkartoffeln oder Butternudeln servieren. Als Getränk kann nach Belieben halbtrockener Weißwein oder kühler Rosé gereicht werden.

# Lachseier mit Erbsen

4 Portionen à ca.
1215 kJ (290 kcal)
**100–125 g Räucherlachs in Scheiben,
2 Zwiebeln,
1 Pckg. TK-Erbsen
(300 g),
50 g Butter,
6 Eier,
2 Eßl. saure Sahne,
Salz,
geriebene Muskatnuß,
weißer Pfeffer
aus der Mühle,
1 Prise Zucker,
Dillzweige
zum Verzieren.**

Räucherlachs in nicht zu kleine Stücke schneiden. Die Zwiebeln schälen und in feine Ringe schneiden. Erbsen nach Packungsaufschrift garen, dann in einem Sieb abtropfen lassen.
Butter in einer großen Pfanne erhitzen. Die Zwiebelringe zufügen und 3–4 Minuten gelb dünsten.
Eier und Sahne verquirlen, wenig salzen und mit Muskatnuß, Pfeffer und etwas Zucker abschmecken. Die Eier zu den Zwiebeln in die Pfanne geben, Erbsen und Lachs darüber verteilen. Mit einer Gabel einige Male in die stockende Eimasse stechen, so daß das flüssige Ei auf den Pfannenboden laufen kann. Dabei darauf achten, daß der Lachs und die Erbsen nicht untergemischt werden, sondern auf dem stockenden Ei liegen bleiben.
Die Eier rundum vom Pfannenboden lösen und mit einem Pfannenwender vorsichtig auf eine vorgewärmte Platte gleiten lassen. Mit Dillzweigen garnieren und sofort servieren.
Dazu schmeckt Kartoffelpüree, bestreut mit in Butter gerösteten Semmelbrösel. Wer es weniger aufwendig machen möchte, serviert dazu Grahambrot und Butter.

# Hühnerbrüstchen im Speckmantel

4 Portionen à ca.
2595 kJ (620 kcal)
**4 TK-Hühnerbrüstchen
à ca. 250 g,
125 g gekochter
Schinken,
1 Zwiebel,
2 Teel. Bratfett,
½ Teel. gerebelter
Rosmarin,
1 Teel. gehacktes
Basilikum,
1 Teel. gehackte
Petersilie,
2 Teel. Sojasauce,**

Die tiefgekühlten Hühnerbrüstchen auftauen lassen.
Den Schinken klein würfeln. Die Zwiebel schälen, würfeln und mit dem Schinken in zerlassenem Bratfett kurz anbraten.
Mit Rosmarin, Basilikum, Petersilie, Sojasauce und etwas Pfeffer würzen. Das Eigelb vorsichtig unterziehen und die Pfanne beiseite stellen.
Hühnerbrustfilets an der dicken Längsseite tief einschneiden. Schinken-Zwiebel-Mischung einfüllen, die Filets mit je 2 Scheiben Frühstücksspeck umwickeln und mit Holzstäbchen zusammenstecken.
Butter in einer Pfanne heiß werden lassen und die Hühnerbrüstchen 10 Minuten rundum anbraten. Dann heraus-

Lachseier
mit Erbsen

Hühnerbrüstchen
im Speckmantel

weißer Pfeffer
aus der Mühle,
1 Eigelb,
8 Scheiben
Frühstücksspeck,
50 g Butter,
⅛ l Wasser,
⅛ l Weißwein,
2 Teel. Speisestärke,
2 Eßl. süße Sahne,
1 Prise Zucker,
Salz,
Petersilie
zum Garnieren.

nehmen und warm stellen.
Wasser und Wein in die Pfanne gießen und den Bratensaft ablöschen.
Speisestärke mit Sahne anrühren und die Soße damit binden. Mit etwas Zucker und Salz abschmecken.
Die Hühnerbrüstchen auf eine vorgewärmte Platte legen und mit Petersiliensträußchen garniert servieren. Die Soße getrennt reichen.
Dazu schmecken Sellerie-Grapefruit-Salat und frisches Weißbrot oder Reis. Als Getränk eignet sich ein Weißherbst oder Rosé.

# Küken mit Spargel

4 Portionen à ca.
3285 kJ (785 kcal)

**4 bratfertige Küken mit Herz und Leber à ca. 350 g,**
Salz,
160 g Butter,
4 Eßl. gehackte, glatte Petersilie,
12 dünne Scheiben fetter Speck (ca. 125 g),
2 kg Spargel,
1 Zitronenscheibe,
1 Prise Zucker,
Petersilie
zum Garnieren.

Küken innen und außen abspülen, trockentupfen und innen mit Salz ausreiben.
60 g Butter mit der Petersilie verkneten und in 4 Portionen teilen.
Jedes Küken mit Petersilienbutter und einem Herz und einer Leber füllen, mit je 3 Speckscheiben umwickeln und mit einem Faden zusammenbinden.
Die Spargel schälen und zusammenbinden. In kochendem Salzwasser mit 1 Prise Zucker, 10 g Butter und der Zitronenscheibe 15–20 Minuten garen.
Die Küken in einen vorgewärmten flachen, eisernen Topf legen. Die restliche Butter in einem Pfännchen bis zum Aufschäumen erhitzen und über die Küken gießen.
Den Topf offen in den vorgeheizten Backofen (225°, Gas Stufe 4) stellen und die Küken 25 Minuten braten, dabei hin und wieder mit Bratfett begießen.
Spargelstangen mit einer Schöpfkelle vorsichtig aus dem Wasser nehmen, gut abtropfen lassen und warm stellen. Sobald die Küken fertig gebraten sind, die Fäden entfernen, ebenso von dem Spargel, und beides zusammen auf einer vorgewärmten Platte anrichten.
Dazu in Petersilienbutter geschwenkte, junge Kartöffelchen und einen spritzigen Weißwein servieren.
**Variation:** Statt der Küken pro Person ein Täubchen zubereiten, das wie die Küken gefüllt und mit Speckscheiben umwickelt wird.

# Forellen in Aspik

4 Portionen à ca.
1675 kJ (400 kcal)

½ l Wasser,
1 l Weißwein,
1 Bund Suppengrün,
Salz,
Zucker,
10 schwarze
Pfefferkörner,
4 küchenfertige
Forellen à ca. 200 g,
½ l Knochen-
oder Fleischbrühe
(siehe Seite 15
„Consommé double"),
12 Blatt
weiße Gelatine,
250 g Champignon-
köpfe,
20 g Butter,
2 Eßl. Zitronensaft,
weißer Pfeffer
aus der Mühle,
4 Tomaten,
Zitronenscheiben
und Peter-
siliensträußchen
zum Anrichten.

Aus dem Wasser, ½ l Weißwein, dem geputzten und gewaschenen Suppengrün einen Sud bereiten, mit Salz und Zucker abschmecken und die Pfefferkörner hineingeben und alles 30 Minuten kochen lassen.
Die gewaschenen Forellen an Kopf und Schwanz zusammenbinden und in dem Sud 10 Minuten garziehen aber nicht kochen lassen.
Den Rest Weißwein mit der Fleisch- oder Knochenbrühe aufkochen, mit Salz, Pfeffer und Zucker pikant abschmecken. Die Gelatine in kaltem Wasser einweichen, leicht ausdrücken, mit 1 Eßl. heißer Brühe auflösen. Gelatine in die Brühe rühren. Dann die Brühe kalt stellen.
Die Champignons putzen, waschen und mit Küchenkrepp trockentupfen.
Die Butter in einem Topf zerlassen und die Champignons darin 8–10 Minuten dünsten. Mit Zitronensaft, Salz und weißem Pfeffer abschmecken. Die Champignons abtropfen und abkühlen lassen, dann grob hacken.
Tomaten waschen und trocknen. Von jeder Tomate ein Deckelchen abschneiden. Die Tomaten mit einem kleinen Löffel aushöhlen. Vorsichtig innen trockentupfen.
Die gehackten Champignons in die Tomaten füllen und die Deckelchen wieder daraufsetzen.
Die Forellen in eine große Glasschüssel legen. In jede Rundung eine gefüllte Tomate setzen. Alles mit der Aspikflüssigkeit übergießen und kalt stellen.
Vor dem Servieren das Aspik mit Zitronenschnitzen oder -scheiben und Petersiliensträußchen verzieren.
Dazu Bratkartoffeln und Remouladensoße oder Meerrettich-Schlagsahne reichen.

**Tip** *Etwas mehr Mühe macht es, wenn man dieses Gericht so zubereitet, daß man es stürzen kann: Dazu die Glasschüssel mit einem „Spiegel" aus Aspik ausgießen und diesen erstarren lassen. Die gegarten Forellen mit der Rückseite nach unten hineinlegen, die gefüllten Tomaten ebenfalls umgekehrt hineinsetzen. Die Schüssel mit der Aspikflüssigkeit auffüllen und erstarren lassen. Vor dem Servieren die Schüssel kurz in heißes Wasser tauchen und die Forellen in Aspik auf eine Platte stürzen.*

# Truthahn-Gemüse-Pie

4 Portionen à ca.
4475 kJ (1070 kcal)
**1 Pckg. TK-Blätterteig
(300 g),
1 Zitrone,
1 Teel. Thymian,
weißer Pfeffer
aus der Mühle,
Salz, 750 g Truthahnschnitzel,
4 Eßl. Mehl,
3 Eßl. Öl,
2 Zwiebeln,
1 rote und 1 grüne
Paprikaschote,
15 g Butter
oder Margarine,
1/8 l Weißwein,
1/8 l süße Sahne,
1 gestrichener Eßl.
Speisestärke,
1/2 Dose Champignons
(200 g),
1/2 Dose Maiskörner
(200 g),
Mehl zum Ausrollen,
2 hartgekochte Eier,
1 Eigelb,
1 Eßl. Kondensmilch.**

Blätterteig nach Pakkungsaufschrift auftauen. Die Zitrone mit heißem Wasser abwaschen, trocknen und die Schale fein abreiben. Das Abgeriebene mit Thymian, Pfeffer und Salz vermischen. Truthahnschnitzel mit der Gewürzmischung einreiben und dann in Mehl wenden. Das Öl erhitzen, und die Schnitzel auf jeder Seite 1 Minute braten. Aus der Pfanne nehmen und beiseite stellen. Zwiebeln schälen, Paprikaschoten aufschneiden, putzen, waschen und trocknen. Zwiebeln und Paprikaschoten würfeln und im Bratfett 3 Minuten in geschlossener Pfanne dünsten. Mit Wein und Sahne ablöschen und mit in Wasser angerührter Speisestärke binden. Abgetropfte Champignons und Maiskörner in die Soße geben und einmal aufkochen lassen. Den aufgetauten Blätterteig zu einer rechteckigen Platte ausrollen. Den Rand einer flachen, feuerfesten Form mit Wasser bepinseln. Von der Blätterteigplatte einen Teigstreifen in der Höhe des Formrandes abschneiden, auch mit Wasser bepinseln und den Formrand damit auskleiden.

Die Hälfte der Schnitzel in die Form legen. Die Gemüsesoße darauf verteilen und mit den restlichen Schnitzeln bedecken.
Die Eier schälen, in Scheiben schneiden und die Scheiben auf und zwischen die Schnitzel legen.
Die ganze Form mit der ausgerollten Teigplatte bedecken. Den überstehenden Teig abschneiden und den Rand fest andrücken. Aus dem restlichen Teil kleine Blättchen schneiden. Das Eigelb mit Kondensmilch verquirlen und die Teigplatte damit bestreichen. Die Blättchen in die Milch tauchen und in die Ecken der Pie-Form setzen. Die Mitte der Teigoberfläche kreuzweise einschneiden, damit beim Backen der Dampf entweichen kann. Den Pie im vorgeheizten Ofen (200°, Gas Stufe 3) 35 Minuten backen.
Als Getränk ist ein kräftiger Weißwein ebenso geeignet wie ein kühles Bier.

**Tip** *Statt Zwiebeln und Paprika kann man natürlich auch zartes Gemüse wie z. B. junge Erbsen, Möhren oder Spargel verwenden.*

Truthahn-Gemüse-Pie

# Putenrouladen „India"

4 Portionen à ca.
2220 kJ (530 kcal)
**4 Putenschnitzel
à ca. 150 g,
2 Teel. scharfer Senf,
4 Eßl. Senffrüchte
oder Mango-Chutney
aus dem Glas,
weißer Pfeffer
aus der Mühle,
1 Zweig frischer,
oder 1 Teel.
getrockneter
Rosmarin,
Salz,
Mehl zum Panieren,
40 g Bratfett,
1 Zwiebel,
1 fester Apfel,
1/8 l Wasser,
1/8 l Cidre (Apfelwein),
2–3 Teel.
Speisestärke,
1 Becher süße Sahne
(125 g),
Currypulver,
1 Prise Ingwer.**

Putenschnitzel sehr dünn klopfen und mit Senf bestreichen. Die Senffrüchte oder den Mango-Chutney kleinwürfeln und auf den Schnitzeln verteilen. Pfeffer, Rosmarin und Salz darüberstreuen. Putenschnitzel zu Rouladen zusammenrollen und mit Zwirn umwickeln oder mit Stäbchen feststecken. Mit Salz und Pfeffer einreiben und in dem Mehl wälzen.
Das Bratfett in einer tiefen Pfanne oder in einem Eisentopf zerlassen und die Rouladen darin in 5 Minuten von allen Seiten braun braten.
Zwiebel und Apfel schälen und in Würfel schneiden. Beides zu den Rouladen geben, den Topf zudecken und 5 Minuten dünsten. Dann Wasser und Cidre zugießen und die Rouladen 30 Minuten bei geringer Hitze schmoren lassen. Auf eine vorgewärmte Platte legen und warm halten.
Die Speisestärke mit 2–3 Eßlöffeln Sahne anrühren. Die restliche Sahne zu dem Bratenfond gießen, einmal aufkochen lassen und mit der Speisestärke binden. Mit Curry und Ingwer pikant abschmecken, über die Rouladen gießen.
Dazu mit Mandeln oder Erdnüssen und Rosinen gemischten Reis servieren. Als Getränk paßt trockener Cidre sehr gut.

# Schweinefilet mit gefüllten Artischockenböden

4 Portionen à ca.
3410 kJ (815 kcal)
**1 Schweinefilet
(ca. 400 g),
Salz,
schwarzer Pfeffer
aus der Mühle,
1/2 Teel. Rosmarin,
80 g Butter,
8 Artischockenböden
aus dem Glas,
2 Dosen Leberpastete
à 120 g,
1 Teel. Cognac,**

Schweinefilet von Sehnen, Fett und Haut befreien. Etwas Salz, Pfeffer und zerriebenen Rosmarin mischen und das Filet damit einreiben.
30 g Butter in einer Pfanne heiß werden lassen und das Fleisch darin rundherum braun anbraten. Dann bei mittlerer Hitze 10 Minuten weiterbraten.

Die Leberpastete mit der restlichen Butter, dem Cognac, mit Majoran und der geschälten, fein gehackten Schalotte mit dem Handmixer pürieren. Die Masse mit einem Spritzbeutel in Rosettenform auf die abgetropften Artischockenböden verteilen.
Das fertig gebratene Filet in Scheiben schneiden

1 Prise getrockneter Majoran,
1 Schalotte,
Petersiliensträußchen zum Anrichten.

und auf einer vorgewärmten Platte anrichten. Die gefüllten Artischockenböden dazu gruppieren und alles mit Petersiliensträußchen garnieren.

Dazu frisches Weißbrot und einen französischen Landwein reichen.

# Fleischbällchen in pikanter Soße

4 Portionen à ca. 3055 kJ (730 kcal)

1 Zwiebel,
5 Knoblauchzehen,
500 g gemischtes Rinder- und Schweinehackfleisch,
1 altbackenes Brötchen,
2 Eier,
3 Eßl. Kapern,
2–3 Sardellenfilets aus dem Glas,
Salz,
schwarzer Pfeffer aus der Mühle,
1 Prise Cayennepfeffer,
Mehl zum Formen,
6 Eßl. Olivenöl,
1 Gemüsezwiebel,
500 g Tomaten,
2–3 Eßl. Rotweinessig,
2–3 Eßl. trockener Sherry (Fino),
1 Prise Zucker,
1 Prise geriebene Muskatnuß,
¼ l heiße Fleischbrühe,
3 Eßl. gehackte, glatte Petersilie,
2 Eßl. gemahlene Mandeln,
2 Pfefferschoten aus dem Glas.

Zwiebel und Knoblauchzehen schälen. Die Zwiebel hacken, den Knoblauch mit einer breiten Messerklinge zerdrücken.
Das Hackfleisch mit dem zuvor eingeweichten, ausgedrückten und zerpflückten Brötchen, den Eiern, der Zwiebel und ⅓ des Knoblauchs in eine Schüssel geben und gut vermischen. 1 Eßlöffel Kapern und Sardellenfilets abtropfen lassen, sehr fein hacken und zusammen mit etwas Salz, Pfeffer und Cayennepfeffer unter den Fleischteig arbeiten. Aus dem Teig walnußgroße Kugeln formen und in wenig Mehl wenden. In einer Pfanne 4 Eßlöffel Öl heiß werden lassen und die Bällchen darin knusprig braten. Herausnehmen und warm stellen.
Gemüsezwiebel schälen und würfeln. Die Tomaten einige Minuten in heißes Wasser legen, häuten, von den grünen Stengelansätzen befreien, entkernen und sehr fein hakken. Das restliche Öl in der Pfanne erhitzen und die Zwiebelwürfel, den Rest Knoblauch und die Tomaten anbraten, dann weiter dünsten, bis die Tomaten geschmolzen sind. Essig und Sherry dazugießen und mit Salz, Pfeffer, Muskat und Zukker abschmecken. Die Fleischbrühe zugeben und die restlichen Kapern und die gehackte glatte Petersilie zusammen mit den Mandeln einrühren. Alles cremig einkochen lassen.
Die Pfefferschoten abtropfen lassen und in Ringe schneiden, in der Soße erhitzen. Zum Schluß die Fleischbällchen in die Soße geben und noch einmal heiß werden lassen. In einer vorgewärmten Schüssel sofort servieren.
Dazu Kartoffelpüree oder kleine Salzkartoffeln reichen. Mild abgeschmeckter Kopfsalat gibt einen reizvollen Kontrastgeschmack zu den pikanten Fleischbällchen.

# Kalbsnieren in Knoblauchsoße

4 Portionen à ca. 960 kJ (230 kcal)

**1 Knoblauchzwiebel,
¼ l Knochen- oder Fleischbrühe
(siehe Seite 15 „Consommé double"),
200 g frische Champignons,
500 g ganze Kalbsnieren,
schwarzer Pfeffer aus der Mühle,
20 g Butter,
Salz,
2 Eßl. Weißwein,
3 Eßl. Crème fraîche,
1 Prise Cayennepfeffer,
1 Eßl. gehackte Petersilie.**

Die Knoblauchzwiebel in Zehen teilen und schälen. Die Zehen in kochendem Wasser zwei Minuten blanchieren, dann in ein Sieb schütten und mit kaltem Wasser abschrecken. Knochen- oder Fleischbrühe in einen Stieltopf füllen, den Knoblauch hineingeben und zugedeckt ca. 20 Minuten köcheln lassen.
Die Champignons putzen, je nach Größe halbieren oder vierteln und zu dem Knoblauch in den Topf geben. Im offenen Topf die Flüssigkeit bei mittlerer Hitze bis auf 2 Eßlöffel einkochen. Diese Pilz-Knoblauch-Masse im Mixer sehr fein pürieren. Kalbsnieren waschen, trocknen und dann vorsichtig die dünne Haut abziehen. Mit einem scharfen Messer in 5 mm dicke Scheiben schneiden und Pfeffer darübermahlen.
Die Butter in einer Eisenpfanne erhitzen und die Nierenscheiben nebeneinander hineinlegen. Auf beiden Seiten je 1½ Minuten braten. Dann herausnehmen und etwas salzen.
Das Püree in die Pfanne geben, in der die Nieren gebraten wurden. Heiß werden lassen und mit Weißwein und Crème fraîche aufgießen und einmal aufkochen. Mit Salz, Pfeffer und Cayennepfeffer abschmecken. Die Nieren in der Soße noch mal kurz erhitzen, dann alles auf vier vorgewärmte Teller verteilen. Mit Petersilie bestreuen und sofort servieren.
Dazu schmecken frisches Stangenweißbrot, herzhafter Salat und ein kräftiger Landwein.

# Kalbsbries in Salatblättern

4 Portionen à ca. 860 kJ (205 kcal)

**500–600 g Kalbsbries,
Salz,
2 Zwiebeln,
¾ l Kalbsknochenbrühe,
200 g Champignons,
100 g Kalbsleber,
schwarzer Pfeffer aus der Mühle,**

Das Bries 2 Stunden in kaltes Wasser legen, damit alle Blutreste ausgeschwemmt werden, dann in einen passenden Stieltopf legen. Mit leicht gesalzenem Wasser bedecken und langsam zum Kochen bringen. Einmal aufsprudeln lassen, dann sofort das Wasser abgießen und das Bries mit kaltem Wasser abschrecken. Nun das geronnene Eiweiß und die Röhren entfernen.
Die Zwiebeln schälen und grob hacken. ¼ l von der Knochenbrühe abnehmen und die Zwiebeln darin im offenen Topf ca. 30 Minuten kochen.

Kalbsnieren in Knoblauchsoße

Kalbsbries in Salatblättern

1–2 Teel. geriebener
Thymian,
½ Teel. Pasteten-
gewürz,
1 Prise Paprika,
1 großer Kopf
Römischer Salat,
grobes Salz und grob
geschroteter Pfeffer
zum Servieren.

Unterdessen die Champignons putzen, grob hacken und in den letzten 10 Minuten in der Knochen-Zwiebel-Brühe mitkochen lassen. Am Ende der Kochzeit soll die ganze Flüssigkeit eingedickt sein.
Die Zwiebeln und die Pilze im Mixer pürieren. In den laufenden Mixer die in grobe Stücke geschnittene Kalbsleber geben.
So fein pürieren, daß eine dicke, streichfähige Masse entsteht. Diese Farce mit Salz, Pfeffer, ½ Teel. Thymian, Pastetengewürz und etwas Paprika kräftig abschmecken.
Die Blätter des Römischen Salats voneinander ablösen und ganz kurz in kochendem Wasser blanchieren. Sofort in einen Durchschlag geben, in Eiswasser abschrecken und abtropfen lassen. Dann die Salatblätter so nebeneinander und aufeinander legen, daß man das Bries darin einwickeln kann.
Die Hälfte der Leberfarce auf die Salatblätter streichen. Das Kalbsbries daraufsetzen und die restliche Farce auf das Bries streichen. Die Salatblätter so über dem Bries zusammenlegen, daß nichts von der Farce herausquellen kann. Mit Zwirn umwickeln und die Rolle auf ein Stück Alufolie setzen. Die Folie an der Seite hochkniffen, aber nicht vollständig verschließen.
Die restliche Fleischbrühe erhitzen und den Rest Thymian 5 Minuten darin ziehen lassen. Dann das Folienpaket hineinsetzen. Den Topf verschließen und das Bries bei mittlerer Hitze ca. 20 Minuten garen.
Zum Anrichten die Rolle aus der Folie nehmen und den entstandenen Saft auffangen. Das Bries quer in dünne Scheiben schneiden und auf 4 vorgewärmte Teller verteilen. Den aufgefangenen Sud darüberträufeln. Auf jeden Teller außerdem ½ Teelöffel grobes Salz und ½ Teelöffel grob geschroteten Pfeffer geben. Sehr schnell servieren.
Dazu Stangenweißbrot oder Petersilienreis reichen. Auch ein Salat, z. B. aus Chicorée und Orangen, paßt gut dazu.

**Tip** *Dieses Gericht eignet sich hervorragend als Teil eines festlichen Büfetts, wenn man das gekochte Bries in seine Segmente zerpflückt und diese in blanchierte Spinatblätter wickelt. Die „Päckchen" dann wie oben beschrieben garen und mit einer Sauce Hollandaise oder Sauce Béarnaise servieren.*

# Saltimbocca Romana

(Kalbsschnitzel auf italienische Art)

4 Portionen à ca.
1820 kJ (435 kcal)

**4 Kalbsschnitzel,
2 cm dick, à ca. 150 g,
weißer Pfeffer
aus der Mühle,
1 Bund frischer Salbei,
4 Scheiben
Schinkenspeck
à ca. 20 g,
5 EßI. Öl,
200 g Spargelspitzen
aus der Dose,
Zitronenschnitze
zum Anrichten,
3–4 EßI. Weißwein,
20 g Butter.**

Schnitzel der Länge nach halbieren. Ganz wenig Pfeffer über das Fleisch mahlen. Salbei waschen und mit Küchenkrepp trockentupfen. Auf jede Schnitzelhälfte 3 Salbeiblättchen legen, mit 1 Scheibe Schinkenspeck bedecken. Darauf die zweite Fleischhälfte legen und alles mit halbierten Zahnstochern zusammenstecken.
Spargelspitzen mit dem Dosenwasser in einem Topf heiß werden lassen. Das Öl in der Pfanne erhitzen und die Schnitzel auf jeder Seite 2 Minuten goldbraun braten.

Die Kalbsschnitzel auf einer vorgewärmten Platte mit dem Spargel anrichten. Mit Zitronenschnitzen garnieren. Die Platte warm stellen.
Den Bratfond mit Wein ablöschen, die Butter darin schmelzen und einmal aufkochen lassen. Die Soße über die Schnitzel gießen oder getrennt zum Fleisch servieren.
Dazu frisches Weißbrot und knackigen Eisbergoder Endiviensalat reichen. Als Getränk paßt ein italienischer Weißwein.

# Schneckenragout in Wein-Nuß-Creme

4 Portionen à ca.
1650 kJ (395 kcal)

**24 Schnecken
aus der Dose,
2 Knoblauchzehen,
2 Schalotten,
50 g Butter,
2 Eßl. gehackte
Walnußkerne,
8 geschälte Tomaten
aus der Dose,
¼ l Weißwein,
1 Becher süße Sahne
(200 g),
weißer Pfeffer,
Salz,
1 Prise Zucker,
gehackte Petersilie.**

Schnecken abtropfen lassen, dabei den Sud auffangen. Die Knoblauchzehen und die Schalotten schälen und fein hacken.
Butter in einem kleinen Topf zerlassen und Knoblauch und Schalotten darin hellgelb dünsten. Die abgetropften Schnecken, die Walnußkerne und die gehackten, abgetropften Tomaten dazugeben, mit Wein und Sahne auffüllen und gut verrühren. 10 Minuten kräftig einkochen lassen. Das Schneckenragout zum Schluß mit Pfeffer, Salz und etwas Zucker pikant abschmecken, in eine vorgewärmte Schüssel füllen und sofort servieren.
Dazu schmecken mit wildem Reis gemischter Langkornreis (Fertigmischung) und trockener Weißwein.

# Würzige Hasenterrine

4–5 Portionen à ca. 5625 kJ (1345 kcal)
1 frischer oder tiefgekühlter Hasenrücken (ca. 600 g),
1 Zitrone,
1 Zwiebel,
8 Lorbeerblätter,
6 Wacholderbeeren,
1 Teel. schwarze Pfefferkörner,
Salz, 4 EBl. Öl,
¼ l Rotwein,
500 g magere Schweinskeule ohne Knochen,
1 Teel. Pastetengewürz,
2 EBl. trockener Sherry (Fino),
2 EBl. Cognac,
1 Ei,
2 EBl. geschälte Pistazienkerne,
125 g hauchdünne Räucherspeckscheiben,
je 1 Zweig frischer Thymian und Rosmarin.

Die dünne Haut des Hasenrückens mit einem spitzen Messer einritzen und vorsichtig vom Fleisch abziehen. Tiefgekühltes Fleisch erst auftauen lassen. In der Länge des Rückenknochens das Fleisch im Ganzen ablösen, so daß man 2 Filets erhält. Zitrone mit heißem Wasser waschen, trocknen und dünn schälen. Die Zwiebel schälen und mit der Zitronenschale fein hacken. 3 Lorbeerblätter zwischen den Fingern zerkrümeln und im Mörser mit den Wacholderbeeren und Pfefferkörnern zerstoßen. Die gehackte Zitronenschale und die Zwiebel mit den Gewürzen und etwas Salz mischen und damit die Hasenfilets einreiben.
Im Eisentopf oder in einer Pfanne das Öl erhitzen, und das Hasenfleisch darin rundum kräftig anbraten. Herausnehmen und beiseite stellen.
Den Hasenknochen zweimal durchhacken und im Bratfett der Filets anbraten. Den Rotwein zugießen und ca. 30 Minuten bei mittlerer Hitze einkochen lassen. Dann den Fond durch ein Sieb in eine Schüssel laufen lassen.
Die Schweinskeule in kleine Stücke schneiden und durch den Fleischwolf drehen oder kurz im Mixer pürieren. Mit Pastetengewürz, Sherry, Cognac und Ei vermengen und mit Salz abschmecken. Die grob gehackten Pistazien in die Farce arbeiten. Mit dem Knochenfond geschmeidig kneten.
Eine Terrinenform mit Speckscheiben auskleiden. Die Hälfte der Schweinefarce einfüllen, die Hasenfilets draufleben, die restliche Farce darüber verteilen und glattstreichen. Mit 5 Lorbeerblättern und einem Thymian- und Rosmarinzweig belegen. Die Form schließen, in die Grillpfanne stellen und 2 Tassen Wasser zugießen. Im vorgeheizten Backofen (180°, Gas Stufe 2) 1 Stunde garen.
Nach der Garzeit den Deckel von der Terrine nehmen und die Pastete mit einem Holzbrett beschweren, damit sie gleichmäßig flach und fest wird. Kühl stellen.
Pastete in der Form servieren oder etwas dickere Scheiben auf Portionsteller verteilen. Dazu Kartoffelkroketten oder Toast sowie Chutney und Senffrüchte reichen.
Hinweis: Die Hasenterrine ist im Kühlschrank 8–10 Tage haltbar.

Würzige Hasenterrine

# Quiche Lorraine

(Lothringer Specktorte)
4 Portionen à ca.
4645 kJ (1110 kcal)
**1 Pckg. TK-Blätterteig (300 g),
Mehl zum Ausrollen,
200 g dünne Scheiben Räucherspeck,
200 g Gruyère- oder Emmentaler Käse in Scheiben,
1 Becher Crème fraîche (200 g),
4 Eier, Salz,
schwarzer Pfeffer,
geriebene Muskatnuß,
50 g geraspelter Gruyère- oder Emmentaler Käse.**

Blätterteig nach Packungsanweisung auftauen. Den Teigblock auf leicht bemehltem Brett zu einer dünnen, runden Platte ausrollen.
Eine Springform von 28 cm Durchmesser mit etwas Wasser benetzen, mit dem Teig auslegen, dabei den Rand ein wenig hochdrücken. Den Teigboden mehrmals mit einer Gabel einstechen. Die Hälfte des Räucherspecks darauflegen. Darüber die Käsescheiben schichten und darauf die restlichen Speckscheiben legen.
Die Eier mit der Crème fraîche verquirlen, mit Salz, Pfeffer und Muskatnuß würzen. Die Mischung über den Speck gießen, etwas geraspelten Käse darüberstreuen. Quiche auf der untersten Schiene im vorgeheizten Backofen (225°, Gas Stufe 4) 25–30 Min. backen. Dann sofort servieren.
Dazu einen grünen Salat in herzhafter Essig-Öl-Marinade und einen Elsässer Riesling oder Edelzwicker reichen.

# Matjesfilets mit grünen Bohnen

4 Portionen à ca.
3830 kJ (915 kcal)
**8 große Matjesfilets,
¼ l Milch oder Buttermilch,
2 Zwiebeln,
1 Bund Dill,
1 kg grüne Bohnen,
Salz,
15 g Butter,
1 Becher süße Sahne (125 g),
1 Becher Crème fraîche (200 g),
Saft von ¼ Zitrone,
weißer Pfeffer aus der Mühle,
1 Prise gemahlener Piment.**

Die Matjesfilets in eine Schüssel legen, mit Milch oder Buttermilch übergießen und ca. 2 Stunden stehen lassen. Dann die Matjes trockentupfen und auf einer flachen Platte anrichten.
Die Zwiebeln schälen und in Ringe schneiden. Den Dill waschen, mit Küchenkrepp trocknen und die Spitzen abpflücken. Die Zwiebelringe auf die Matjes schichten und die Dillspitzen darüberstreuen. Die Platte mit Klarsichtfolie abdecken und kühl stellen.
Bohnen putzen, waschen und in Stücke brechen. In wenig Salzwasser ca. 20 Minuten garen. Dann das Wasser abgießen. Butter in einem Topf zerlassen und die Bohnen darin schwenken.
Während die Bohnen kochen, die süße Sahne steifschlagen und mit Crème fraîche, Zitronensaft, etwas Pfeffer und Piment mischen. Sahnesoße getrennt zu den gut gekühlten Matjesfilets und den warmen Bohnen servieren.
Dazu Pellkartoffeln oder in Butter geschwenkte Salzkartoffeln und kühles helles Bier reichen.

# Lachs in Estragonsoße

4 Portionen à ca.
3560 kJ (850 kcal)

**1 Schalotte,
60 g Butter,
½ Teel. gehackte
Estragonblättchen,
4 Scheiben Lachs
à ca. 200 g,
Salz,
weißer Pfeffer
aus der Mühle,
¼ l Weißwein,
¼ l süße Sahne,
2 Eigelb,
1 Prise geriebene
Muskatnuß.**

Schalotte schälen und fein hacken. 40 g Butter in einer Pfanne erhitzen, Zwiebelwürfel und Estragon 4 Minuten darin dünsten. Die mit wenig Salz und Pfeffer eingeriebenen Lachsscheiben dazugeben, ebenso den Wein. Die Pfanne zudecken und den Fisch bei geringer bis mittlerer Hitze ca. 8–10 Minuten dünsten. Dann den Fisch herausnehmen und auf einer vorgewärmten Platte warm stellen.

Den Fond mit der Soße mischen und bei starker Hitze cremig einkochen lassen. Eigelb in einer Tasse verquirlen und unter die Soße ziehen. Den Rest Butter in Flöckchen in die Soße schlagen. Die Soße mit Muskatnuß, Salz und Pfeffer abschmecken und getrennt zum Fisch reichen.
Dazu Bandnudeln, die in ein wenig Butter geschwenkt wurden, servieren.

# Hasenkeulen „Kreta"

4 Portionen à ca.
2405 kJ (575 kcal)

**4 frische oder tiefgekühlte Hasenkeulen
à ca. 300 g,
1 kg kleine Zwiebeln,
2 Knoblauchzehen,
knapp ¼ l Weinessig,
20 schwarze
Pfefferkörner,
8 Gewürznelken,
1 Zimtstange,
1 Prise geriebene
Muskatnuß,
6 Lorbeerblätter,
5 Eßl. Olivenöl,
⅛ l Rotwein,
Salz,
1 Becher süße Sahne
(200 g).**

Tiefgekühlte Hasenkeulen auftauen lassen, mit einem scharfen Messer die dünne Haut abziehen.
3 Zwiebeln und die Knoblauchzehen schälen und grob hacken. In eine Schüssel geben, mit dem Essig übergießen und Pfeffer, Nelken, Zimtstange, Muskatnuß und Lorbeerblätter hineingeben.
Die Hasenkeulen einlegen und zugedeckt mindestens 12 Stunden beizen, häufig wenden.
Olivenöl in einem Eisentopf oder Bräter erhitzen. Die trockengetupften Hasenkeulen hineinlegen und rundum kräftig braun anbraten. Die restlichen Zwiebeln schälen, im

Ganzen in den Topf geben und auch kurz anbraten. Dann mit dem Rotwein und der Beize samt Gewürzen auffüllen und salzen. Bei sehr geringer Hitze 50 Min. köcheln lassen. Hasenkeulen auf einer Platte anrichten und warm stellen.
Die Soße durch ein Sieb in einen Topf gießen, Sahne dazugeben und aufkochen lassen. Abschmecken und die Hasenkeulen mit der Soße umgießen.
Dazu überbackenes Kartoffelpüree oder Kroketten oder frisches Weißbrot und herzhaft abgeschmeckte Salate der Saison servieren.

Bunte Appetithäppchen
Rezepte nächste Seite

Es gibt immer einen Grund zum Feiern. Sei es nun die Einladung zum Sektfrühstück oder die große Party. Ein Erfolg wird es immer mit fantasievoll zusammengestellten Häppchen und dekorativen kalten Platten.

# Für fröhliche Feste:
# Häppchen und kalte Platten

# Bunte Appetithäppchen

(Foto Seite 104/105)

Basis von Häppchen und Canapés ist immer entrindetes, gebuttertes Weißbrot, das man in verschiedenen Größen und Formen zuschneiden kann und fantasievoll belegt. Hier einige Vorschläge für das „Obendrauf":

1 Scheibe Chesterkäse, 2 Scheiben Lachsschinken. Garniert mit 1 Mandarinenfilet und Minzeblättchen.
Pro Stück ca. 650 kJ (155 kcal)

Keta-Kaviar, 1 Scheibe hartgekochtes Ei und etwas Dill als Garnierung.
Pro Stück ca. 500 kJ (120 kcal)

Kräuterbutter, 2 gerollte Roastbeefscheiben und Bratenjuswürfel.
Pro Stück ca. 585 kJ (140 kcal)

Mit dem Buntmesser geschnittene Scheibchen Salatgurke, Räucherlachs, 1 Scheibe hartgekochtes Ei, garniert mit Petersilie und Preßkaviar.
Pro Stück ca. 565 kJ (135 kcal)

3 Scheiben Rinderzunge, als Garnierung einen Klecks Sahnemeerrettich, Petersilie, 1 fächerförmig geschnittenes Cornichon.
Pro Stück ca. 835 kJ (200 kcal)

Spargelspitzen, darauf 2 kleine Stückchen Hummer, etwas Petersilie.
Pro Stück ca. 625 kJ (150 kcal)

Räucherlachs, garniert mit 1 Eischeibe, 1 Sardellenröllchen und 3 Scheibchen von einem Cornichon.
Pro Stück ca. 585 kJ (140 kcal)

2 Scheiben Roastbeef, 3 Radieschenscheiben, garniert mit zarten Radieschenblättern.
Pro Stück ca. 585 kJ (140 kcal)

3 aufgerollte Scheiben Lachsschinken mit einer Garnierung aus gehacktem Eigelb, 1 Walnußhälfte und der Spitze eines Estragonzweigs.
Pro Stück ca. 690 kJ (165 kcal)

Scheiben feinster Leberpastete, garniert mit 3 Perlzwiebeln, 1 Tomatenstreifchen und Minzeblättern.
Pro Stück ca. 1130 kJ (270 kcal)

Nicht auf dem Foto:
3 Scheiben Bündner Fleisch, zu Röllchen gedreht, mit Preiselbeersahne gefüllt, mit grob geschrotetem rosa Pfeffer bestreut.
Pro Stück ca. 1045 kJ (250 kcal)

# Bleichsellerie mit Roquefortfüllung

Insgesamt ca.
1905 kJ (455 kcal)
**1 Staude Bleichsellerie,
100 g Butter,
150 g Roquefort,
10 cl Crème fraîche,
1 rote Paprikaschote,
1 Zwiebel,
1 Bund Petersilie,
Salz,
weißer Pfeffer
aus der Mühle,
8 mit Pimientos
gefüllte Oliven.**

Bleichsellerie in seine einzelnen Stangen teilen, waschen und trockentupfen. Zum Füllen nur die weit geöffneten Stangen verwenden.
Butter schaumig rühren. Den Roquefort durch ein Sieb streichen und zu der Butter geben, ebenso die Crème fraîche. Alles zu einer Creme verrühren.
Paprikaschote vierteln, Kerne entfernen, waschen und sehr fein würfeln. Die Zwiebel schälen und fein hacken. Petersilie abspülen, trockenschwenken, ebenfalls ganz fein hacken. Alles mit der Roquefort-Creme gut mischen, mit Salz und Pfeffer pikant abschmecken.
Die Creme in einen Spritzbeutel mit Sterntülle geben und auf die Selleriestangen spritzen. Mit in Scheibchen geschnittenen Oliven garnieren.
Dazu passen Toast, trockener Weißwein oder trockener Sherry (Fino).

# Gefüllte Windbeutelchen

Insgesamt ca.
6055 kJ (1445 kcal)
**⅛ l Milch,
Salz,
75 g Margarine,
75 g Mehl,
2 Eier,
1 Eigelb,
75 g Räucherlachsschnitzel,
75 g Preßkaviar,
Meerrettich und
Zwiebelringe zum
Garnieren.**

Milch mit Salz und Fett aufkochen, dann das Mehl auf einmal einrühren. Auf dem Feuer abrühren, bis der Teig sich zu einem Kloß zusammenballt. Abkühlen lassen, dann nach und nach Eier und Eigelb gut unterrühren.
Auf ein gefettetes Backblech mit dem Spritzbeutel walnußgroße Häufchen spritzen. Im vorgeheizten Backofen (200°, Gas Stufe 3) 15 Minuten backen und noch 10 Minuten im abgeschalteten Backofen stehen lassen.
Windbeutel quer durchschneiden. Die unteren Hälften mit dem ganz fein geschnittenen Räucherlachs und dem Kaviar füllen. Auf den Räucherlachs etwas Meerrettich und auf den Kaviar einen kleinen Zwiebelring legen. Die Deckelchen daraufsetzen und die Windbeutel abwechselnd nebeneinander auf einer Platte anrichten.
Dazu schmecken am besten Champagner oder trockener Sekt.
Variation: Süße Sahne steifschlagen, mit Lachsschnitzen und/oder Kaviar mischen und mit Zitronensaft würzen.
In die vorbereiteten Windbeutel füllen.

# Radieschen, bunt gemischt

## Radieschen-Apfel-Salat (1)

Insgesamt ca.
5760 kJ (1380 kcal)

2 EßI. frische, kleine Spinatblättchen,
2 Äpfel,
1 Bund Radieschen,
4 Mini-Salamis,
50 g Pökelzunge in dünnen Scheiben,
2 EßI. Weinessig,
2 EßI. Olivenöl,
Salz.

Spinatblättchen waschen und mit Küchenkrepp trockentupfen. Die Äpfel waschen, abtrocknen, mit der Schale vierteln und entkernen. Die Radieschen putzen, waschen und trockentupfen. Apfelstücke, Radieschen und Salami in Scheiben, Pökelzunge in Streifen schneiden und alles mit den Spinatblättchen mischen.
Den Essig mit dem Olivenöl und Salz zu einer Soße rühren und über die Salatzutaten träufeln. Die Mühle mit schwarzem Pfeffer mit auf den Tisch stellen. Jeder pfeffert seinen Salat nach eigenem Geschmack.

## Gebackene Radieschen (2)

Insgesamt ca.
4960 kJ (1180 kcal)

3 EßI. Mehl,
1 Ei,
2 EßI. helles Bier,
1 Prise Salz,
2 Bund Radieschen,
75 g Mayonnaise,
75 g Crème fraîche,
schwarzer Pfeffer aus der Mühle,
Fett zum Ausbacken.

Mehl mit Ei, Bier und Salz glattrühren. Die Radieschen mit den Blättern waschen, vom Wurzelstrang befreien und an der Stelle kreuzweise einschneiden. Stiele und Blätter abschneiden – die schönsten Blätter aufheben – und einen kleinen Stielrest zum Anfassen an den Radieschen stehen lassen.
Die Mayonnaise mit der Crème fraîche, den zurückgelegten Radieschenblättern und je 1 Prise Salz und Pfeffer im Mixer pürieren.
Das Fett in einem Fritiertopf auf 160°–170° erhitzen. Die Radieschen durch den Bierteig ziehen und im Fett fritieren. Zum Abfetten auf Küchenkrepp legen.
Die Mayonnaise in ein Schälchen füllen und mit den Radieschen auf einer Platte anrichten.

## Radieschenpüree (3)

Insgesamt ca.
560 kJ (140 kcal)

2 Bund Radieschen,
2 EßI. Crème fraîche,
2 EßI. Frischrahmkäse,
Zitronensaft,
Salz, Zucker,
schwarzer Pfeffer aus der Mühle.

Die Radieschen putzen und waschen. Im Mixer auf Stufe 2 pürieren. Dann in ein Haarsieb aus Plastik geben und leicht ausdrücken. Wieder in den Mixer geben und Crème fraîche und den Frischrahmkäse zufügen.
Alles zu einem glatten, aber lockeren Püree aufschlagen. Mit einigen Tropfen Zitronensaft, Salz, einer Prise Zucker und Pfeffer abschmecken. Zu Salzkräckern oder kurzgebratenem Fleisch reichen.

Radieschen, bunt gemischt

## Radieschen in Currysoße (4)

Insgesamt ca.
2340 kJ (560 kcal)

**2 Bund Radieschen,
3 Frühlingszwiebeln,
15 g Butter,
1 Teel. Currypulver,
1/8 l süße Sahne,
Salz.**

(Foto Seite 109)

Radieschen putzen, ein kleines Stengelstück zum Anfassen stehen lassen, waschen und trockentupfen.
Die Zwiebeln dünn schälen und in 2–3 cm lange Stücke schneiden.
Butter in einer Pfanne erhitzen und die Radieschen und die Zwiebeln darin kurz anbraten. Den Curry darüberstäuben und die Sahne zugießen. Die Soße schnell dick einkochen und mit Salz würzen.

## Radieschenbutter

Insgesamt ca.
3760 kJ (900 kcal)

**200 g knackfrische Radieschen,
1/2 Teel. Salz,
125 g Butter,
1 Eigelb,
1 Eßl. gemischte gehackte Kräuter,
1 Teel. Zitronensaft,
rosa Pfeffer.**

(ohne Abb.)

Radieschen waschen, von Blättern und Wurzelansätzen befreien. Dann zusammen mit einigen zarten Blättern fein hacken und mit Salz mischen.
10 Minuten „weinen", anschließend in einem Haarsieb gut abtropfen lassen.
Butter und Eigelb schaumig rühren, dann nach und nach Radieschen, Kräuter und Zitronensaft untermischen.
Die Butter mit rosa Pfeffer und eventuell etwas Salz würzen, in einem Schälchen 30 Minuten kühl stellen.
Radieschenbutter zu ganz frischem Weißbrot, Salzkräckern oder Pumpernickeltalern servieren.

## Roastbeefröllchen Radieschencreme (5)

Insgesamt ca.
4340 kJ (1040 kcal)

**200 g Radieschen,
100 g Crème fraîche,
Kräutersalz,
2–3 Eßl. gehackte Kresse,
4 dünne Scheiben gegartes Roastbeef.**

(Foto Seite 109)

Von den Radieschen Blätter und Wurzeln abschneiden. Die Radieschen waschen, im Mixer pürieren und das Mus in einem Haarsieb abtropfen lassen.
Die Crème fraîche wie Sahne schlagen, aber nicht so fest werden lassen. Mit dem Radieschenpüree vorsichtig mischen, mit Kräutersalz und gehackter Kresse abschmecken.
Die Roastbeefscheiben zu Röllchen drehen und die Radieschencreme hineinfüllen.
Hinweis: Diese große Radieschenplatte schmeckt mit einem trockenen Weißwein besonders gut an heißen Sommertagen. Einzelne Gerichte sind aber auch als Vorspeise eines Menüs geeignet.

# Gefüllte Datteln

Insgesamt ca.
5355 kJ (1280 kcal)
**16 frische Datteln,
3 Ecken Doppelrahmfrischkäse,
1 Msp. Cayennepfeffer,
1 Eßl. Cognac,
25 g weiche Butter,
1 Prise Salz,
16 geschälte Pistazienhälften.**

Datteln entsteinen und wenn möglich die Haut abziehen.
Käse, Cayennepfeffer, Cognac, Butter und Salz zu einer Creme verrühren, in einen Spritzbeutel mit Sterntülle füllen und die Masse in die Datteln spritzen.
Jede Dattel mit einer Pistazienhälfte garnieren und in eine Papierhülse setzen. Auf einer Platte oder einem flachen Teller anrichten.
Da frische Datteln nicht so süß sind, kann man dazu ein Glas trockenen Sekt oder kühlen, trockenen Sherry (Fino) servieren.

# Pikante Fleischtörtchen

Insgesamt ca.
7815 kJ (1865 kcal)
**2 Scheiben TK-Blätterteig,
2 mittelgroße Schweinefilets,
Mehl zum Bestäuben,
1 Eßl. Rosmarin,
schwarzer Pfeffer aus der Mühle,
1 Prise Oregano,
Fett zum Braten,
100 g Parmaschinken,
Salz,
3 Scheiben Butterkäse,
30 g Butter,
Tomaten- und einige mit Pimientos gefüllte Olivenscheiben zum Garnieren.**

(Foto Seite 113)

Blätterteig auftauen lassen und die Scheiben auf einer bemehlten Fläche bis zu doppelter Größe ausrollen.
Die Schweinefilets von Haut und Sehnen befreien und in gleich dicke, ungefähr daumenbreite Scheibchen schneiden. Dünn mit Mehl bestäuben, mit zerriebenem Rosmarin, Pfeffer und Oregano würzen.
Fett in einer Pfanne heiß werden lassen und die Filets darin nur kurz anziehen lassen, bis die Oberfläche fest wird. Aus der Pfanne nehmen und abkühlen lassen.
Mit einem Ausstecher aus dem Blätterteig Scheibchen entsprechend der Größe der Filets ausstechen. Dünn mit Wasser bestreichen und auf ein kalt abgespültes Backblech legen. Von dem übrigen Teig schmale Röllchen drehen und als Rand um die Teigplatten legen.
Jedes Törtchen mit einer passend zurechtgeschnittenen Scheibe Parmaschinken belegen, ein Filet daraufsetzen und mit zerriebenen Kräutern, dem Pfeffer und Salz bestreuen.
Den Käse in feine Streifen schneiden und gitterartig über das Fleisch decken. Mit Butterflöckchen belegen und im vorgeheizten Backofen (230°, Gas Stufe 4) 30 Minuten backen. Die Törtchen auf die Tomatenscheiben setzen und mit Olivenscheibchen garnieren.
Dazu schmeckt ein vollmundiger, aber nicht zu schwerer Rotwein.

# Käse-Gugelhupf garniert

Insgesamt ca. 7380 kJ (1770 kcal)

**500 g Frischrahmkäse,
100 g geriebener alter Gouda,
Salz,
gemahlener Muntok-Pfeffer,
2 EßI. Cognac,
5 Blatt helle Gelatine,
4 EßI. Milch,
1 Becher Schlagsahne (125 g),
75 g roher oder gekochter Schinken ohne Fettrand,
½ rote Paprikaschote,
1 Teel. Paprika rosenscharf,
1 EßI. gehackte Pistazienkerne,
1 EßI. Pumpernickelbrösel.**

Frischrahmkäse durch ein Sieb in eine Schüssel passieren und mit dem Gouda mischen. Mit etwas Salz, 1 Prise Muntok-Pfeffer und Cognac abschmecken.
Die Gelatine in kaltem Wasser einweichen, leicht ausdrücken und in der erhitzten Milch auflösen. Abkühlen lassen, unter die Käsemasse ziehen. Wenn die Masse fest zu werden beginnt, die Sahne schnittfest schlagen und mit dem Käse vermengen. Noch einmal abschmecken.
Den Schinken fein würfeln. Die Paprikaschote vierteln, entkernen, waschen und in kleine Würfel schneiden. ⅔ von der Käsemasse abnehmen und mit den Schinken- und Paprikawürfeln vermischen. Den Rest der Creme mit dem Paprikapulver rot färben.
Eine Gugelhupf-Form mit kaltem Wasser ausspülen und ⅔ der hellen Käsemasse einfüllen. Darauf die rote Masse geben und mit der restlichen hellen Käsemischung abschließen. Die Oberfläche glattstreichen. 2 Stunden kalt stellen.
Vor dem Servieren die Form kurz in heißes Wasser tauchen und den Gugelhupf auf eine große Platte stürzen. Die Pistazienkerne mit den Pumpernickelbröseln mischen und auf den Gugelhupf streuen.

Beilagen zum Käse-Gugelhupf, so daß eine große Käse-Platte entsteht:
Einige runde Pumpernickelscheiben halbieren und mit den Rundungen senkrecht an den Käse-Gugelhupf stellen.
6–8 Radieschen putzen, waschen und mehrfach die Rundungen einkerben. In kaltes Wasser legen, damit sie sich zu Röschen entfalten. Die Radieschen trockentupfen und zwischen die Pumpernickeltaler setzen.
Blaue Weintrauben waschen, trockentupfen, Beeren abzupfen. 200 g Butterkäse in ca. 10 Scheiben schneiden, mit Weinbeeren belegen und aufrollen. Die Käserollen nebeneinander an den Plattenrand legen und mit je 1 Walnußhälfte belegen.
Einen halben kleinen Kugel-Edamer mit roter Rinde in kleine Tortenstücke schneiden, dachziegelartig aufschichten und mit Weinbeeren verzieren.
Zu der Käse-Platte verschiedene dunkle Brotsorten und einen kräftigen Rotwein servieren.

Fleisch-vögelchen

Kalbsbraten-röllchen mit Thunfisch-creme

Pikantes Fleisch-törtchen

Rezepte Seite 111–115

Paprika-wurst im Teig

Käse-Gugelhupf garniert

# Paprikawurst im Teig

Insgesamt ca. 13075 kJ (3125 kcal)

**1 Pckg. TK-Blätterteig (300 g),
500 g Bratwurst,
1 Knoblauchzehe,
2 Eßl. Kümmel,
1 Eßl. Paprika rosenscharf,
Eigelb zum Bestreichen.**

(Foto Seite 113)

Blätterteig auftauen, die Scheiben zu doppelter Größe ausrollen. Die Bratwurst aus der Pelle drücken, wieder in eine längliche Form bringen. Knoblauchzehe schälen, sehr fein hacken, mit Kümmel und Paprika mischen. Bratwurstrollen so auseinanderschneiden, daß sie in der Größe zu den Teigscheiben passen. Auf die Teigscheiben legen und mit der Würzmischung bestreuen. Die Teigränder mit Wasser befeuchten, um die Bratwürste rollen, Enden fest zusammendrücken. Die Oberfläche der Teigwürste einige Male einstechen und mit verquirltem Ei bestreichen. Dann die Päckchen mit der Nahtstelle nach unten auf ein kalt abgespültes Backblech legen und im vorgeheizten Backofen (220°, Gas Stufe 4) 25–30 Min. backen. Auf einer Platte anrichten, warm oder kalt servieren. Dazu schmecken kühles Bier und kalter Schnaps.

# Kalbsbratenröllchen mit Thunfischcreme

Insgesamt ca. 8465 kJ (2020 kcal)

**1 Dose Thunfisch (200 g),
Saft von ½ Zitrone,
2 Sardellenfilets aus dem Glas,
150 g Mayonnaise,
¼ l Fleischbrühe,
Tomatenmark,
1 Eßl. Kapern,
5 Pfeffergürkchen,
2 hartgekochte Eier,
Salz,
schwarzer Pfeffer,
6 Blatt weiße Gelatine,
8–12 Scheiben Kalbsbraten,
Zitronenachtel und Petersilie.**

(Foto Seite 113)

Thunfisch zerpflücken, mit Sardellenfilets und Zitronensaft im Mixer pürieren. Die Mayonnaise und Fleischbrühe unterrühren und soviel Tomatenmark dazu geben, bis die Thunfischcreme eine rote Färbung bekommt. Kapern und Pfeffergürkchen abtropfen lassen und klein hacken. Eier schälen, ebenfalls hacken. Alles unter die Fischcreme rühren und mit Salz, Pfeffer und dem Zitronensaft abschmecken. Gelatine nach Vorschrift einweichen und auflösen, warm unter die Fischmasse rühren. Kurz anziehen lassen. Dann die Creme auf die Bratenscheiben verteilen, zu Röllchen formen, mit Spießchen bis zum Erstarren feststecken. Sobald die Creme fest ist, die Röllchen quer halbieren. Mit Zitronenachtel und Petersilie garnieren und auf einer Platte anrichten. Dazu kann man Bratkartoffeln, Kartoffelkroketten oder frisches Stangenweißbrot und Weißwein oder Bier reichen.

# Fleischvögelchen

Insgesamt ca.
12510 kJ (2990 kcal)

**Je 250 g mageres Fleisch von der Keule von Rind, Schwein, Kalb und Lamm, Salz, schwarzer Pfeffer aus der Mühle, 6 Pimentkörner, Saft 1 Zitrone, 18 Scheiben Frühstücksspeck, 1 Lorbeerblatt, 1 große Gemüsezwiebel, ½ l Kalbfleischbrühe, ½ Tasse Weinessig, Zitronenachtel und Kräuter zum Garnieren.**

(Foto Seite 113)

Fleisch von Fett, Sehnen und Haut befreien und im Tiefkühlschrank kurz anfrieren, bis es fest ist. Dann mit einem scharfen Messer in sehr dünne Scheiben schneiden. Eine feuerfeste Form mit drei Speckscheiben auslegen, im vorgeheizten Backofen erwärmen. Salz, Pfeffer und die zerdrückten Pimentkörner mit dem Zitronensaft zu einer dünnen Paste rühren. Die Fleischscheiben damit dünn bestreichen. Zwiebel schälen und in Ringe schneiden. Fleischscheiben in die Form schichten, und zwar zuunterst das Rindfleisch, darauf das Kalb-, Lamm- und zuletzt das Schweinefleisch. Zwischen jede Schicht Speckscheiben und Zwiebelringe, auf die oberste Lage mit den Schweinefleischscheiben nur noch Speck und das Lorbeerblatt legen. Kalbfleischbrühe und Essig über das Fleisch gießen, die Form zudecken. Im vorgeheizten Backofen (200°, Gas Stufe 3) 1½ bis 2 Stunden schmoren. Nach 1 Stunde die Temperatur auf 180° (Gas Stufe 2) zurückschalten. Die Form aus dem Backofen nehmen und das Fleisch in der Brühe erkalten lassen. Jeweils 1 Scheibe Rind mit 1 Scheibe Schwein, 1 Kalbfleischscheibe mit Lamm und jeweils 1 Speckscheibe aufrollen und mit einem Spieß zusammenstecken. Auf einer Platte anrichten, mit Zitronenachtel und Kräutern garnieren.
Dazu schmeckt ein kräftiges Bauernbrot und Bier.

# Indische Kokosnußkugeln

Insgesamt ca.
8160 kJ (1950 kcal)

**1 frische Kokosnuß, 300 g Doppelrahmfrischkäse, 2 Eßl. gehacktes Mango-Chutney, ½ Teel. Curry, ¼ Teel. Cayennepfeffer, Salz, 4 Eßl. Kokosmilch, Paprika rosenscharf.**

Kokosnuß in zwei Hälften aufschlagen. Kokosfleisch aus der Schale herauslösen und fein reiben. Käse, Mango-Chutney, Curry, Cayennepfeffer, Salz und Kokosmilch mit der Hälfte der Kokosraspeln verkneten, zu Kügelchen formen und in den restlichen Kokosraspeln rollen. Kugeln in leeren Kokosnußhälften anordnen und mit Paprika bestäuben. Zum Aufspießen der Kügelchen Spieße oder Zahnstocher dazustellen.
Dazu Walnußhälften und Pumpernickel- oder Vollkornbrottaler reichen. Als Getränk trockenen Weißwein oder kühlen Rosé servieren.

# Schinkenplatte mit verschiedenen Beilagen

Insgesamt ca.
24950 kJ (5950 kcal)

1 Avocado,
Saft von ½ Zitrone,
1 Teel. Senf,
Salz,
schwarzer Pfeffer
aus der Mühle,
1 gehäufter Teel.
Semmelbrösel,
1 gehäufter Eßl.
Parmesan,
2 kg gekochter Schinken im Stück,
4 Eßl. brauner Zucker,
1 Möhre,
¼ Lauchstange,
10 cl Weißwein,
1 rote Paprikaschote,
1 Teel. Butter,
3 Scheiben Ananas
aus der Dose, halbiert,
⅛ l Madeira,
3 Blatt helle Gelatine.

## Schinken in Avocadokruste

Avocado halbieren und den Kern auslösen. Das Fruchtfleisch herauslöffeln und mit dem Zitronensaft, dem Senf und je 1 Prise Salz und Pfeffer im Mixer pürieren. Das Mus mit den Semmelbröseln und dem Parmesan mischen. Den Schinken mit der Farce bestreichen und 2 Eßlöffel braunen Zucker darüberstreuen. Fleisch in einen Bräter oder die Grillpfanne setzen.
Die Möhre und den Lauch putzen, klein schneiden und um den Schinken streuen. Den Weißwein zugießen. Schinken im vorgeheizten Backofen (200°, Gas Stufe 3) etwa 40 Minuten braten.
Paprikaschote halbieren, das weiße Innere mit den Kernen entfernen, Schote waschen und trockentupfen. In halbe Ringe schneiden.
In einer Pfanne die Butter zerlassen, den restlichen braunen Zucker einstreuen und die halbierten Ananasscheiben und Paprikaringe kurz darin braten.
Den fertig gebratenen Schinken aus dem Backofen nehmen und erkalten lassen.

Den Bräter auf eine heiße Herdplatte stellen und das Gemüse mit dem Bratensaft weitere 5 Minuten kochen lassen, dann in eine Schüssel durchseihen. Den Madeira zugießen.
Die Gelatine in kaltem Wasser einweichen, leicht ausdrücken, mit wenig heißer Brühe auflösen und unter die Soße rühren. Die Schüssel in den Kühlschrank stellen und die Brühe gelieren lassen.
Zum Servieren den Schinken auf eine große Platte setzen. Die Paprikaringe um die halbierten Ananasscheiben legen und den Schinken damit garnieren.
Das fertige Madeiragelee in kleine Würfel schneiden und in einer Sauciere getrennt zum Schinken reichen.
Zu der Schinkenplatte mit den verschiedenen Beilagen (siehe nächste Seiten) passen helle und dunkle Brotsorten, trockener Weißwein, aber auch ein Bier.

Schinkenplatte mit verschiedenen Beilagen

## Geflügel-Reis-Salat

Insgesamt ca.
12950 kJ (3100 kcal)

**3 große, feste Äpfel,
250 g Langkorn-Reis,
Salz,
2 gehäufte Teel.
Currypulver,
5 Grapefruits,
2 Zwiebeln,
400 g gegartes Geflügelfleisch ohne Haut,
6 EBl. beliebiges Relish,
5 EBl. Weinessig,
6 EBl. Öl, Zucker,
1 Prise Ingwerpulver,
15 schwarze, entkernte Oliven,
5 mit Pimientos gefüllte grüne Oliven.**

(Foto Seite 117)

Äpfel schälen, entkernen und in Würfel schneiden. Mit dem gewaschenen Reis, 1 Prise Salz und dem Curry in 40 cl kochendes Wasser geben. 15 Minuten kochen, in einem Sieb abtropfen und erkalten lassen. Die Grapefruits halbieren. Das Fruchtfleisch mit einem Pampelmusenmesser herausschneiden, dabei die Schale nicht verletzen, Häute entfernen und das Fleisch klein schneiden. Die Zwiebeln schälen und wie das Geflügelfleisch würfeln.

Den erkalteten Apfel-Reis mit dem Grapefruitfleisch, den Geflügel- und Zwiebelwürfeln und Relish mischen.
Den Essig mit dem Öl verrühren und mit Salz, Zucker und Ingwerpulver abschmecken. Die Soße über den Salat geben.
Aus den Grapefruitschalen alle weißen Häute entfernen und die Ränder zickzackförmig einkerben. Den Salat in die Schalen füllen und mit den halbierten Oliven verzieren.

## Fisch-Mais-Salat

Insgesamt ca.
10800 kJ (2600 kcal)

**400 g gegarte TK-Königskrabben,
1 Dose Maiskörner (500 g),
½ Dose Champignons (220 g),
3 Köpfe Radicchio,
2 Zwiebeln,
2 grüne Paprikaschoten,
100 g Walnußkerne,
500 g beliebiges gedünstetes Fischfilet,
Saft von 2 Zitronen,
Salz,
weißer Pfeffer aus der Mühle,
5–6 EBl.
Crème fraîche.**

(Foto Seite 117)

Königskrabben auftauen lassen. Maiskörner und Champignons abtropfen lassen. Den Radicchio putzen, waschen und trockenschleudern. Zwiebeln schälen und fein hacken. Die Paprikaschoten halbieren, das weiße Innere mit den Kernen entfernen, waschen, trockentupfen und fein würfeln. Die Walnußkerne hacken.
Das Fischfilet in Stücke pflücken, noch vorhandene Gräten entfernen. Mit den Krabben vermengen – 10 Krabben als Garnitur zurücklassen – und mit dem Zitronensaft beträufeln. Maiskörner, Champignons, Zwiebeln und Paprikawürfel zum Filet und zu den Krabben geben. Die gehackten Walnußkerne, etwas Salz und Pfeffer darüberstreuen. Mit der Crème fraîche alles vorsichtig mischen, und noch einmal abschmecken.
Aus den Radicchioblättern 10 ,,Schalen" zusammenlegen und den Salat hineinfüllen. Mit den zurückbehaltenen Krabben garnieren und auf die Schinkenplatte setzen.

## Pfirsich-Käse-Happen

Insgesamt ca.
5350 kJ (1300 kcal)
**1 Dose Pfirsiche
(500 g),
5 reife Erdbeeren,
200 g Doppelrahm-
frischkäse,
½ Becher Crème
fraîche,
½ Teel. Zitronensaft,
Zucker, Salz,
Cayennepfeffer.**

(Foto Seite 117)

Pfirsiche in einem Sieb abtropfen lassen. Die Erdbeeren waschen, von den Stielen zupfen, trockentupfen und längs halbieren. Den Frischkäse mit Crème fraîche verrühren, so daß eine geschmeidige, aber spritzfähige Masse entsteht. Die Creme mit Zitronensaft, 1 Prise Zucker, Salz, wenig Cayennepfeffer abschmecken. Die Käsecreme in einen Spritzbeutel mit Sterntülle füllen und in jede Pfirsichhälfte eine Rosette spritzen. Mit einer Erdbeerhälfte verzieren.

# Artischockenböden mit Leber-Mousse

Insgesamt ca.
390 kJ (90 kcal)
**8 Artischockenböden
aus dem Glas,
2 Dosen Leberpastete
à ca. 80 g,
2 Eßl. süße Sahne,
1 Teel. Cognac,
½ Eßl. gehackte
Petersilie,
2–3 Senffrüchte
aus dem Glas.**

Artischockenböden abtropfen lassen. Leberpastete mit der Sahne cremigrühren. Mit einem Spritzer Cognac pikant abschmecken. Die Leber-Mousse in einen Spritzbeutel mit Sterntülle füllen und auf die Artischockenböden spritzen. Petersilie über die Mousse streuen. Die gut abgetropften Senffrüchte in Streifen schneiden und die Häppchen damit verzieren.
Dazu frisches Weißbrot und trockenen Weißwein reichen.

# Lucca-Augen

Insgesamt ca.
5840 kJ (1360 kcal)
**8 frische Austern,
250 g Beefsteaktatar,
1 kleine,
geriebene Zwiebel,
Salz,
weißer Pfeffer
aus der Mühle,
8 Scheiben Toastbrot,
1 Glas Preßkaviar (50 g),
Zitronenschnitze.**

Austern öffnen und entbarten oder – sofern man nicht die notwendigen Geräte hat – vom Fischhändler öffnen lassen. Flüssigkeit auffangen. Tatar mit der geriebenen Zwiebel und der Austernflüssigkeit vermischen. Mit Salz und Pfeffer abschmecken.
Toastbrot rösten. Aus jeder Scheibe einen Rundling ausstechen, mit Tatar belegen. In die Mitte eine Mulde drücken, jeweils 1 Auster hineinsetzen, mit Kaviar umkränzen. Rundlinge auf einer Platte anrichten und mit Zitronenschnitzen garnieren. Dazu trockenen Champagner servieren.

# Kaviar-Schlemmerplatte

Insgesamt ca. 38200 kJ (9100 kcal)
**200 g Mehl,
½ Pckg. Dauerbackhefe,
2 Eigelb,
40 g Margarine,
1 Prise Salz,
¹/₁₆ l lauwarme Milch,
1 Becher süße Sahne (200 g),
100 g deutscher Kaviar,
Saft ¼ Zitrone,
1 Blatt helle Gelatine,
½ Kaviarbrot (beim Bäcker vorbestellen),
125 g Butter,
100 g Keta- oder Forellen-Kaviar,
½ Zitrone zum Garnieren,
1 blaue Zwiebel,
1 hartgekochtes Ei.**

Mehl und Hefe vermischen. Eigelb, geschmeidige Margarine, Salz und Milch kräftig unterkneten. Den Teig hochgehen lassen. Eventuell noch 2–3 Eßlöffel Mehl unterkneten.
Aus dem Teig 4 cm lange und 1 cm dicke, an den Enden zugespitzte Brötchen formen. Backblech einfetten und die Brötchen im vorgeheizten Backofen (200°, Gas Stufe 3) 15 Min. backen. Auf einem Gitter erkalten lassen.
Die Sahne steifschlagen und die Hälfte des deutschen Kaviars, den Zitronensaft und etwas Salz unterrühren. Gelatine nach Vorschrift auflösen und unter die Sahne mischen.
Brötchen halbieren. Die Kaviar-Sahne in einen Spritzbeutel mit Lochtülle füllen und in die Brötchenhälften spritzen.
Die Brotscheiben buttern und den Rest deutschen Kaviar und Keta-Kaviar darauf verteilen. Mit Zitronenstückchen, Zwiebelringen und gehacktem Ei garnieren. Alles zusammen auf einer Platte anrichten.
Dazu Champagner oder eiskalten Wodka oder einen trockenen Weißwein reichen.

# Kaviar-Sorten

Echter Kaviar stammt grundsätzlich von Stören, die hauptsächlich im Kaspischen und Schwarzen Meer gefangen werden. Der Geschmack hängt in erster Linie von der Herkunft, aber auch von der Salzung ab.

**ECHTER KAVIAR**
**Beluga**
vom Hansen-Stör ist der kostbarste, weil besonders großkörnig und besonders zartschalig. Farbe: dunkel-stahlgrau bis hell-silbergrau.
Beluga Molossol, silbergrau, ist der teuerste Kaviar. („Molossol" russ: wenig gesalzen).

**Ossiotr**
vom Waxdick-Stör ist kleinkörniger und hartschaliger als Beluga. Die Farbe spielt ins Braune.

**Sewruga**
vom Scherg-Stör hat die kleinsten Körner, aber die zarteste Schale und den feinsten Geschmack. Er ist am preisgünstigsten, da dieser Stör noch häufig vorkommt.

**KAVIAR-„ERSATZ"**
**Keta-Kaviar**
Der Kaviar vom Keta-Lachs ist rot, großkörnig und hartschalig. Er schmeckt ganz leicht nach Eigelb.

**Deutscher Kaviar**
(auch dänischer oder schwedischer) ist Rogen vom Seehasen, einem Nordseefisch. Der Kaviar ist feinkörnig, meist dunkel gefärbt, etwas streng im Geschmack.

**Forellen-Kaviar**
Dieser Kaviar von der Lachsforelle ist goldgelb, zartschalig fein und mild im Geschmack.

# Knusperoliven

Insgesamt ca.
2090 kJ (500 kcal)
**200 g Mehl,
1 Teel. Backpulver,
1 Teel. Salz,
125 g geriebener Emmentaler Käse,
125 g Butter,
1 Eßl. Wasser,
1 Glas mit Pimientos gefüllte Oliven (150 g),
1 Eigelb.**

Mehl mit Backpulver, Salz und Käse vermischen. Die Butter in Flöckchen daraufgeben, alles mit dem Wasser schnell zu einem Mürbeteig verkneten. Teig 30 Min. in den Kühlschrank stellen. Die Oliven abtropfen und auf Küchenkrepp trocknen lassen.

Aus dem Teig kleine Kugeln formen und in jede 1 Olive stecken. Das Eigelb verquirlen und die Kugeln darin wälzen. Im vorgeheizten Backofen (180°, Gas Stufe 2) 15 Min. goldgelb backen. Die Knusperoliven können warm und kalt serviert werden.

# Preiselbeerpastete mit Käse

Insgesamt ca.
17125 kJ (4090 kcal)
**250 g Preiselbeeren,
1 Stück Stangenzimt,
Saft und abgeriebene Schale 1 ungespritzten Orange,
250 g Gelierzucker,
Cayennepfeffer,
50 g Butter,
400 g Doppelrahmfrischkäse,
200 g weicher Camembert, Salz,
schwarzer Pfeffer aus der Mühle,
1–2 Eßl. Cognac,
2 Eßl. geschälte, halbierte Haselnüsse,
Filets von 1 Orange zum Garnieren.**

Preiselbeeren waschen, verlesen und in einem Topf mit Stangenzimt, Orangensaft, abgeriebener Orangenschale und Gelierzucker vermischen. Unter Rühren einmal aufkochen. Die Zimtstange entfernen und das Kompott mit wenig Cayennepfeffer würzen. Abkühlen lassen.
Die Butter cremig rühren und mit dem Frischrahmkäse vermischen.
Den weißen Schimmelbelag des Camemberts abschneiden, das Innere mit einer Gabel zermusen

und unter die Käse-Butter-Mischung rühren. Mit Salz, Pfeffer und Cognac abschmecken.
In eine rechteckige Form abwechselnd die Käsecreme und das Preiselbeermus einfüllen. Jede Käseschicht mit einigen Haselnüssen belegen. Die letzte Schicht sollte Käsecreme sein. Die Oberfläche glätten und mit Nüssen und Orangenfilets garnieren.
Pastete gut gekühlt mit verschiedenen dunklen Brotsorten oder herzhaften Crackern servieren.

# Käsekugeln auf orientalische Art

Insgesamt ca.
5335 kJ (1275 kcal)
**1 l Joghurt,
1 große rote Zwiebel,
2 mittelgroße Salatgurken,
4 Radieschen,
60 g feingehackte Walnüsse,
30 g Korinthen,
1 Eßl. feingehackter Dill,
1 Eßl. feingehackte Pfefferminzblätter,
Salz,
Salatblätter zum Anrichten.**

Nesseltuch oder einige Lagen Käseleinen mit Wasser anfeuchten und über ein Sieb legen. Joghurt hineingießen und jeweils die beiden gegenüberliegenden Enden des Tuchs zusammenbinden, so daß ein Beutel entsteht. Über Nacht den Beutel über eine Schüssel hängen, so daß die Molke abtropfen kann und ein cremiger Weichkäse entsteht. Den Joghurtkäse aus dem Tuch in eine Schüssel geben.
Zwiebel schälen und sehr fein hacken.
Die Gurken schälen, entkernen und fein hacken. Radieschen waschen, Stengel und Blätter abtrennen, Radieschen reiben.
Zwiebel-, Gurkenwürfelchen, geriebene Radieschen, Walnüsse, Korinthen, Dill und Pfefferminzblättchen zum Käse geben, gut vermischen und mit Salz abschmekken. Die Masse mit einem Eisportionierer zu Kugeln formen und auf einer Platte mit Salatblättern anrichten. Für einige Zeit in den Kühlschrank stellen, dann mit dicken Salzstangen (vom Bäcker) oder Sesamstangen servieren.

# Wachteleier auf Kresse

Insgesamt ca.
5820 kJ (1400 kcal)
**12 Wachteleier aus dem Glas,
3 Schalen Kresse,
100 g Butter,
einige Tropfen Zitronensaft,
Salz,
1 kleine Zwiebel,
2 kleine Essiggurken,
1 Teel. Kapern,
½ Bund Petersilie,
5 Eßl. Mayonnaise.**

Wachteleier abtropfen lassen.
Die Kresse von der Unterlage schneiden, vorsichtig waschen und mit Küchenkrepp trockentupfen. ⅔ der Kresse auf eine runde Platte als „Bett" für die Eier geben. Die Wachteleier daraufsetzen.
Die restliche Kresse hakken. Butter schaumig rühren, mit Zitronensaft und etwas Salz abschmecken und mit einer Gabel die gehackte Kresse untermischen.
Die Zwiebel schälen und hacken, ebenso Gurken, Kapern und gewaschene Petersilie. Mit der Mayonnaise gut mischen.
Die Butter und die Kresse-Mayonnaise in Schälchen füllen und extra zu den Wachteleiern reichen. Dazu schmeckt frisches Stangenweißbrot und ein kräftiger Weißwein oder trockener Sekt.

Pistaziencreme

Auch wenn das Essen noch so gut und einfallsreich war, einer süßen Verführung zum Dessert wird keiner widerstehen können. Sei es nun ein leckerer Obstsalat, eine köstliche Creme oder auch „nur" ein Pudding.

## Krönender Abschluß
# Süße Desserts

erpudding
it grünem Pfeffer

Lavendelcreme

Aprikosen-Mousse
Rezepte nächste Seite

# Pistaziencreme

4 Portionen à ca.
2860 kJ (685 kcal)

**50 g geschälte
Pistazien, ungeröstet
und ungesalzen,
³/₈ l Milch,
150 g geschälte
Mandeln,
100 g Zucker,
1 Eßl. Rosen- oder
Orangenblütenwasser,
6 Blatt weiße Gelatine,
¼ l süße Sahne,
ungeschälte Pistazien-
kerne zum Garnieren.**

(Foto Seite 124/125)

Geschälte Pistazien im Mixer pürieren. Im Mörser mit 1–2 Eßlöffeln Milch zu einem feinen Brei verarbeiten, zudecken und 30 Minuten kalt stellen. Die Mandeln pürieren und mit der restlichen Milch in einem Topf mischen. Diese Masse etwas erwärmen und 15 Minuten ziehen lassen.
Dann die Pistazien- und die Mandelmilch durch ein Haarsieb in eine Schüssel streichen, den Zucker zugeben und so lange rühren, bis er ganz aufgelöst ist. Nun das Blütenwasser zufügen. Die Gelatine einige Minuten in kaltem Wasser einweichen, dann in ganz wenig kochendem Wasser auflösen. Abkühlen lassen und lauwarm unter die Milch rühren. Kühl stellen. Nach ca. 10 Minuten, wenn die Masse zu gelieren beginnt, die Sahne steifschlagen und unter die Milch heben. Die Creme in kalt ausgespülte Portionsförmchen füllen und im Kühlschrank völlig erstarren lassen.
Zum Servieren die Formen kurz in heißes Wasser tauchen und die Creme auf Teller stürzen. Mit ungeschälten Pistazienkernen garnieren.

# Lavendelcreme

4 Portionen à ca.
1680 kJ (400 kcal)

**2 Eßl. frische oder
getrocknete
Lavendelblüten,
½ l Milch,
75 g Zucker,
abgeriebene Schale
von 1 Zitrone,
2 Eßl. Heidelbeersoße
aus der Flasche,
6 Blatt weiße Gelatine,
¼ l süße Sahne,
kandierte Veilchen-
und Rosenblätter
zum Garnieren.**

(Foto Seite 124/125)

Lavendelblüten in die Milch geben und erwärmen, bei geringer Hitze 20 Minuten ziehen lassen, dann durch ein Sieb in eine Schüssel gießen. 3 Eßl. Zucker und die abgeriebene Zitronenschale unter die Milch rühren und mit der Heidelbeersoße blau färben. Die Gelatine in kaltem Wasser einige Minuten einweichen, dann in ganz wenig heißem Wasser auflösen. Abkühlen lassen und lauwarm unter die Milch rühren. Die Creme in kalt ausgespülte Förmchen gießen und bis zum Erstarren kühl stellen.
Zum Servieren die Förmchen kurz in heißes Wasser tauchen und die Creme auf Teller stürzen. Die Sahne steifschlagen und nach Geschmack zuckern.
Extra zur Creme reichen. Creme und Schlagsahne mit kandierten Veilchen- und Rosenblättern verzieren.

# Aprikosen-Mousse

4 Portionen à ca.
1775 kJ (425 kcal)

¼ l Milch,
1 Prise geriebene Muskatnuß,
1 Msp. Vanillemark aus der Schote,
18 Aprikosenhälften aus dem Glas,
Saft von ½ Zitrone,
50 g Zucker,
2 Eßl. Rosenkonfitüre oder Quittengelee,
6 Blatt weiße Gelatine,
¼ l süße Sahne,
frische Rosenblätter oder Zuckerrosen zum Garnieren.

(Foto Seite 124/125)

Die Milch mit Muskatnuß und Vanillemark leicht erwärmen und ziehen lassen. Die Aprikosen mit dem Zitronensaft, dem Zucker und der Konfitüre im Mixer pürieren.
Die Gelatine einige Minuten in kaltem Wasser einweichen, dann in ganz wenig heißem Wasser auflösen und unter die lauwarme Milch rühren. Kühl stellen.
Wenn die Milch völlig erkaltet ist, das Aprikosenpüree einrühren und wieder kühl stellen, bis die Masse steif zu werden beginnt. Dann die Sahne steifschlagen und vorsichtig unter das Püree heben. Die Mousse in kleine Förmchen füllen und bis zum völligen Erstarren kühl stellen.
Zum Servieren die Aprikosen-Mousse aus den Förmchen auf Teller stürzen, evtl. Förmchen vorher kurz in heißes Wasser tauchen, und mit Rosenblättern oder Zuckerrosen verzieren.

# Eierpudding mit grünem Pfeffer

4 Portionen à ca.
2325 kJ (555 kcal)

¾ l Milch,
1 Prise geriebene Muskatnuß,
Cayennepfeffer,
4 Eier,
3 Eigelb,
4–5 Eßl. Honig,
¼ l süße Sahne,
30 g Zucker,
1 gehäufter Eßl. grüne Pfefferkörner aus dem Glas.

(Foto Seite 124/125)

Milch mit je 1 Prise Muskat und Cayennepfeffer erhitzen, aber nicht zum Kochen kommen lassen.
Die Eier mit dem Eigelb verrühren. Den Honig unter Rühren in der heißen Milch auflösen, dann nach und nach unter fortwährendem Schlagen zu den Eiern gießen.
Die Flüssigkeit in feuerfeste Förmchen verteilen und in einem Topf ins Wasserbad setzen. Die Flüssigkeit muß 1½ cm unter den Rand reichen. Auf dem Herd oder im vorgeheizten Backofen (180°, Gas Stufe 2) etwa 40 Minuten stocken lassen. Die Förmchen aus dem Topf nehmen und kühl stellen.
Zum Servieren die Förmchen mit dem Pudding auf Teller stürzen.
Die Sahne steifschlagen, nach Geschmack mit Zucker süßen. Die grünen, gut abgetropften Pfefferkörner grob zerdrücken – einige Körner ganz lassen – und unter die Sahne heben. Schlagsahne in ein Schüsselchen füllen, mit den ganzen Pfefferkörnern bestreuen und extra zum Pudding reichen.

# Hippenblüten mit Erdbeereis

4 Portionen à ca.
1920 kJ (460 kcal)
**200 g frische Erdbeeren,
100 g Marzipan-Rohmasse,
65 g Puderzucker,
30 g Mehl,
1 Eiweiß,
3 EBl. Milch,
1 Löffelspitze Zimt,
1 Pckg. Erdbeereis (500 ml),
4 EBl. Kirschwasser,
4 EBl. halbsteif geschlagene Sahne.**

Erdbeeren waschen, von den Stielen befreien, Früchte trocknen, große halbieren.
Die Marzipanmasse mit Puderzucker, Mehl, Eiweiß, Milch und Zimt in den Mixer geben. Bei Stufe 1 mischen und auf Stufe 2 noch 1½ Minuten durchschlagen lassen. Anschließend durch ein Haarsieb streichen.
Aus dieser Masse 4 runde Platten – Durchmesser ca. 13 cm – auf ein gut gefettetes Backblech streichen, im vorgeheizten Backofen (180°, Gas Stufe 2) ca. 3 Minuten goldgelb backen. Mit einer Palette das Backwerk schnell vom Blech lösen und jedes Plätzchen sofort über ein umgestülptes Schälchen legen. Dadurch bildet sich der typische Wellenrand. Die Hippenblüten rasch wieder abnehmen und auf 4 Teller setzen. Das zarte Gebäck ist nach dem völligen Erkalten sehr bruchempfindlich!
Mit dem Eisportionierer oder mit Löffeln das Erdbeereis zu Kugeln formen und vorsichtig in die Hippenblüten setzen. Mit den Erdbeeren garnieren, mit Kirschwasser beträufeln und einen Klecks halbsteif geschlagene Sahne daraufgeben.

# Melonen-Parfait „Surprise"

4 Portionen à ca.
1660 kJ (395 kcal)
**1 Honigmelone,
Saft von 1 Zitrone,
100 g Zucker,
Salz,
¼ l süße Sahne,
1 Prise geriebene Muskatnuß,
3 EBl. frisch pürierte Erdbeeren,
1 Msp. Vanillemark aus der Schote,
1 Ei,
Saft von ½ Orange.**

Aus der Melone in ganzer Länge eine schmale Scheibe schneiden. Mit einem Löffel aus der Melonenkugel die Kerne mit dem weichen Fleisch herausholen, dann das Fruchtfleisch. Auch die ausgeschnittene Scheibe entkernen und vom Fruchtfleisch befreien. Leere Melonenkugel und Scheibenschale ins Tiefkühlfach legen.
Das Melonenfleisch mit Zitronensaft, wenig Salz und knapp 50 g Zucker im Mixer pürieren.

Die Sahne steifschlagen, nach und nach 3 EBl. Zucker unterziehen und in 3 Portionen teilen. Die erste Sahneportion mit der Hälfte des Melonenpürees mischen, mit Muskatnuß abschmecken, in eine Eisschale füllen und ins Tiefkühlfach stellen.
Die zweite Sahneportion mit Erdbeerpüree und dem Vanillemark mischen und gleichfalls in einer Schale vorfrieren.
Das Ei trennen. Eigelb mit Orangensaft und dem

Melonen-Parfait „Surprise"

Hippenblüten mit Erdbeereis

restlichen Zucker im Wasserbad bei mittlerer Hitze dickschaumig schlagen.
Die Schüssel beiseite stellen und weiter schlagen, bis die Creme abgekühlt ist. Die letzte Portion Sahne unterziehen und die Schüssel in das Gefriergerät stellen.
Nun das übrige Melonenpüree mit dem Eiweiß schaumig schlagen und als Sorbet vorfrieren. Dafür die Masse in eine weite Schüssel füllen und ins Tiefkühlfach stellen. Immer wieder umrühren, bis die gefrierende Masse „grießelig" ist.
Sobald die Sahneportionen etwas fest geworden sind, wieder geschmeidig rühren und nun schichtweise in die gekühlte, leere Melonenkugel füllen. Zuletzt das weiche Melonen-Sorbet zugeben. Die ausgeschnittene Spalte vorsichtig mit der Scheibenschale verschließen und die Kugel 3–4 Stunden ins Tiefkühlfach legen.
Erst unmittelbar vor dem Servieren die Melonenkugel herausnehmen. Mit einem scharfen Sägemesser in Scheiben schneiden und anrichten. Dazu schmecken in Portwein oder in Sherry getränkte Löffelbiskuits.

# Brennendes Alaska

4 Portionen à ca. 2430 kJ (580 kcal)

**1 Blockpackung Vanilleeiskrem (500 ml), 1 Biskuittortenboden, 4 Eiweiß, 1 Eßl. Zitronensaft, 150 g Zucker, Kirsch- oder Himbeergeist zum Übergießen.**

Biskuitboden in der Größe des Eiskremblocks zuschneiden. Eiskrem bis zur weiteren Verwendung im Gefrierfach aufbewahren.
Die Eiweiß steifschlagen. Den Zitronensaft zugeben und nach und nach den Zucker einrieseln lassen. Noch ein wenig weiter schlagen, bis der Schnee völlig fest ist.
Den Biskuitboden in eine flache, feuerfeste Form legen, den Eiskremblock daraufsetzen und sehr schnell rundum mit der Baisermasse bestreichen. Die Oberfläche nicht glatt streichen, denn nach dem Backen sieht die Baisermasse durch diese Unebenheiten und stehengebliebene Zäpfchen hübscher aus. Die Form sofort in den vorgeheizten Backofen (250°, Gas Stufe 6) stellen und 5–6 Minuten überbacken. Herausnehmen, schnell einen Schuß Kirschwasser oder Himbeergeist über das Baiser gießen, anzünden und brennend auftragen.
Dazu schmeckt eine heiße Fruchtsoße.

# Mousse au chocolat

(Schokoladen-Cremespeise)
6 Portionen à ca. 2340 kJ (560 kcal)
**300 g Halbbitterschokolade,
6 Eier,
1 Teel. Pulverkaffee,
75 g Zucker,
¼ l süße Sahne,
Borkenschokolade zum Bestreuen.**

Schokolade in Stücke brechen, in einen Topf legen und mit Wasser gerade bedecken. Bei geringer Hitze unter ständigem Rühren langsam schmelzen lassen. Wenn die Schokolade Blasen wirft, den Topf beiseite stellen.
Die Eier trennen, die Eiweiß kühl stellen. Eigelb mit dem Pulverkaffee und dem Zucker schaumig rühren. Dann vorsichtig unter die nun lauwarme Schokolade ziehen.

Die Sahne und die Eiweiß getrennt sehr steifschlagen. Die Sahne löffelweise mit der Schokolade mischen, anschließend den Eischnee portionsweise mit dem Schneebesen vorsichtig unter die Masse heben. In eine Glasschüssel füllen und im Kühlschrank sehr gut durchkühlen lassen.
Vor dem Servieren die Mousse au chocolat mit zerbröckelter Borkenschokolade bestreuen.

# Nußpfirsiche

4 Portionen à ca. 2075 kJ (495 kcal)
**8 frische Pfirsiche,
30 cl Wasser,
90 g Zucker,
1 Pckg. Vanillezucker,
3 Eier,
1 Teel. Zitronensaft,
100 g geriebene Wal- oder Haselnüsse.**

Pfirsiche einige Minuten in kochendes Wasser legen. Dann herausnehmen, häuten, halbieren und die Kerne auslösen. Das Wasser mit 1 Eßlöffel Zucker und dem Vanillezucker zum Kochen bringen, die Pfirsiche 3 Minuten darin köcheln lassen.
Eine feuerfeste, flache Form einfetten. Den Boden mit dem Pfirsich-Kochwasser nur bedecken. Die Fruchthälften mit einer Schöpfkelle aus dem Wasser heben und mit der Wölbung nach unten nebeneinander in die Form setzen.
Die Eier trennen. Eiweiß mit dem Zitronensaft

steifschlagen, dabei den restlichen Zucker einrieseln lassen. Die geriebenen Nüsse vorsichtig unterheben.
Die Eigelb schaumig schlagen und unter den Eischnee ziehen. Die Masse in die Pfirsiche füllen und im vorgeheizten Backofen (200°, Gas Stufe 3) 10–12 Minuten überbacken. Dann in der Form sofort servieren. Dazu eine rote Fruchtsoße reichen oder pürierte Himbeeren, die besonders gut dazu schmecken.

# Frische Feigen in Himbeersirup

4 Portionen à ca.
2120 kJ (505 kcal)

**16 frische Feigen,
8 Eßl. Himbeersirup,
2 Eßl. Himbeergeist,
1 Becher
süße Sahne (200 g),
2 Päckchen
Vanillezucker,
1 Becher
Crème fraîche (200 g).**

Feigen waschen, trockentupfen und längs halbieren. Die Früchte in eine Schüssel legen und mit dem Himbeersirup und dem Himbeergeist beträufeln. Die Schüssel zugedeckt 1 Stunde in den Kühlschrank stellen.
Die Sahne mit dem Vanillezucker sehr steifschlagen. Crème fraîche leicht verrühren und vorsichtig unter die Sahne heben. Die Hälfte der Schlagsahne auf 4 Gläser verteilen. Darauf bis auf einen Rest den gekühlten Himbeersirup geben. Auf den Sirup noch einmal Sahne füllen. Dann 4 Feigenhälften behutsam auf die Sahne in jedem Glas setzen. Den Rest Sirup daraufträufeln.

# Orangen mit Pfefferminzlikör

4 Portionen à ca.
1020 kJ (245 kcal)

**5 mittelgroße,
kernlose Orangen,
Saft von 1 großen
Zitrone,
3 Eßl. Wasser,
75 g Zucker,
3 Eßl. Crème fraîche,
2 Eßl. Pfefferminzlikör.**

Vier Orangen so großzügig schälen, daß die weiße Innenhaut völlig mit entfernt wird. Das Fruchtfleisch in sehr feine Scheibchen schneiden und auf 4 Tellern anrichten.
1 Orange mit heißem Wasser waschen, trocknen, halbieren und den Saft auspressen. Aus ½ Orangenschale das Weiße gründlich herausschneiden und die Schale in nadeldünne Streifchen schneiden.
Den Orangensaft mit dem Zitronensaft und 3 Eßlöffeln Wasser in einem Topf mischen. Zucker und die Hälfte der Orangenstreifchen dazugeben und unter ständigem Rühren in ca. 4 Minuten zu Sirup kochen.
Den Sirup abkühlen lassen, mit Crème fraîche und dem Pfefferminzlikör mischen. Die Soße über die Orangenscheiben auf den Tellern verteilen, mit dem Rest der Schalenstreifchen bestreuen. Dazu Eiswaffeln oder Löffelbiskuits reichen.

**Tip** *Die Orangenschale schon am Vortag schneiden und über Nacht in Rum ziehen lassen. Das gibt ein besonderes Aroma. Sehr gut schmeckt es auch, wenn man den Pfefferminzlikör durch Danziger Goldwasser ersetzt – und es sieht hübsch aus!*

Frische Feigen in Himbeersirup

# Warmer Bananenpudding

4 Portionen à ca.
1455 kJ (350 kcal)

**5 Bananen,
Saft und
abgeriebene Schale
1 ungespritzten
Zitrone,
2 Eier,
5 Zwiebäcke,
150 g Zucker,
Salz,
50 g gewaschene
Rosinen,
2½ EBl. Cognac,
15 g Butter,
Johannisbeergelee
zum Garnieren.**

Bananen schälen, in grobe Stücke schneiden und durch ein Sieb streichen. Den Zitronensaft und die abgeriebene Zitronenschale untermischen. Die Eier trennen und die Eiweiß kühl stellen. Zwiebäcke im Mörser zerstoßen.
Die Eigelb mit dem Zucker schaumig rühren und die Zwiebackbrösel und 1 Prise Salz zufügen. Die Eimasse mit dem Bananenpüree, den Rosinen und dem Cognac vermischen. Eiweiß steifschlagen und gleichmäßig unter die Puddingmasse ziehen.

Eine passende Wasserbadform gut einfetten, den Pudding einfüllen und die Oberfläche mit Butterflöckchen besetzen. Die Form fest schließen und das Wasserbad 40 Minuten kochen lassen.
Nach dem Garen die Form kurz auf ein feuchtes Tuch stellen, dann den Pudding auf einen tiefen Servierteller stürzen. Johannisbeergelee über dem heißen Pudding breit verlaufen lassen. Dazu schmeckt Schokoladensoße.

# Champagner-Sorbet mit Himbeeren

4 Portionen à ca.
610 kJ (145 kcal)

**1 Pckg. gezuckerte
TK-Himbeeren (300 g),
½ Flasche
Champagner oder
trockener Sekt,
1 EBl. Puderzucker,
4 EBl. Himbeergeist.**

Von den Himbeeren ⅔ der Menge antauen lassen. Die übrigen ganz auftauen.
Den Champagner mit dem Puderzucker verrühren. Die Flüssigkeit in eine weite Schüssel füllen und ins Tiefkühlfach stellen. Ab und zu umrühren, damit die gefrierende Masse „grießelig" wird. Die angetauten Himbeeren durch ein Sieb in eine Schüssel streichen, mit Himbeergeist aromatisieren, kalt stellen.
Zum Anrichten die Himbeersoße mit den ganzen Früchten mischen und in gekühlte Sektschalen füllen. Das Sorbet mit einem Löffel darüber verteilen. Sofort servieren.
Dazu Löffelbiskuits oder sehr zartes Mürbeteiggebäck reichen.
Variation: Statt Himbeeren können auch andere Obstsorten verwendet werden. Besonders gut schmeckt das Sorbet mit Walderdbeeren oder Brombeeren.

# Zabaione

4 Portionen à ca.
920 kJ (220 kcal)

**6 Eigelb,
50 g Zucker,
1 Päckchen
Vanillezucker,
Salz,
⅛ l Marsalawein,
Schokoladenraspel
zum Bestreuen.**

Eigelb mit Zucker, Vanillezucker und 1 Prise Salz in eine Schüssel geben und in ein Wasserbad stellen. Das Wasser muß heiß sein, darf aber nicht kochen.
Die Zutaten mit dem Schneebesen schaumig schlagen. Nach und nach den Marsala zugießen. Sehr kräftig weiterschlagen, bis ein dicklicher Schaum entsteht.
Sofort in Gläser füllen, etwas geriebene Schokolade darüberstreuen und servieren.
Variationen: Die Zabaione läßt sich auch mit anderen Südweinsorten herstellen. Oder man ersetzt den Südwein durch die gleiche Menge Espresso. Eine delikate Kombination ergibt sich, wenn man Zabaione über Kompott- oder Rumfrüchte gibt.

# Soufflé „Walterspiel"

4 Portionen à ca.
1920 kJ (460 kcal)

**50 g geriebene
Haselnüsse,
Salz,
5 Eier, 3 Eiweiß,
½ l Milch,
125 g Puderzucker,
50 g feinstes,
gesiebtes
Weizenmehl,
Zucker
zum Bestreuen,
2 Eßl. Grand Marnier.**

Geriebene Haselnüsse in einer Pfanne unter ständigem Rühren mit 1 Prise Salz rösten. Dann aus der Pfanne auf einen Teller geben und so auseinanderstreuen, daß sich keine Klümpchen bilden können.
Die Eier trennen. Die Eiweiß zu den anderen 3 Eiweiß geben und kühl stellen. Milch zum Kochen bringen.
In der Zwischenzeit in einem Stieltopf den Puderzucker mit den Eigelb schaumig rühren. Das Weizenmehl dazugeben und die kochende Milch unter schnellem Rühren zugießen. Noch einmal aufkochen lassen und beiseite stellen. Die gerösteten Haselnüsse unter die Eigelbmasse ziehen.
Die 8 Eiweiß steifschlagen. Der Schnee muß fest, aber doch noch elastisch sein. ¼ des Eischnees gut unter die Eigelbmasse rühren. Den restlichen Eischnee vorsichtig mit dem Spatel unterheben. Eigelb- und Eischneemasse müssen sich gut verbinden.
Eine Auflaufform mit gerader Wand wählen, die so groß ist, daß sie zu ¾ von der Soufflé-Masse gefüllt wird. Die Form einfetten und mit Zucker bestreuen. Die Masse einfüllen und im vorgeheizten Backofen (175°, Gas Stufe 2) 15 Minuten backen.

Während des Backens nicht die Tür des Backofens öffnen! Nach dem Backen das Soufflé schnell mit ein wenig Zucker bestreuen und noch einmal im Backofen kurze Zeit nachglacieren lassen.

Das Soufflé sofort auftragen, da es schnell zusammenfällt (siehe auch Tips Seite 70). Am Tisch die Oberfläche des Soufflés an einigen Stellen durchstoßen und den Grand Marnier hineinträufeln.

## Obstsalat „Weingarten"

4 Portionen à ca.
1985 kJ (475 kcal)

**1 Honigmelone,
250 g Süßkirschen,
250 g grüne und blaue Weintrauben,
75 g Puderzucker,
5–6 EBl. Orangenlikör,
Saft von 1 Zitrone,
¼ l süße Sahne,
30 g Zucker,
Mark von 1 Vanilleschote oder
2 Pckg. Vanillezucker.**

Melone halbieren, mit einem Löffel entkernen, das Fruchtfleisch einer Melonenhälfte in lange, schmale Schnitze schneiden. Aus der zweiten Hälfte das Fruchtfleisch entfernen und in Würfelchen schneiden.
Kirschen und Weintrauben waschen und trocknen. Die Kirschen entsteinen, Beeren von den Stielen zupfen, halbieren, große Kerne entfernen. Die Melonenwürfel, Kirschen und Beeren in eine Schale füllen.
Den Puderzucker mit Orangenlikör und Zitronensaft verrühren und über das Obst gießen. Zugedeckt 30 Minuten ziehen lassen.
Die Sahne mit Zucker und Vanillemark halb steif schlagen. Den Obstsalat auf 4 Dessertteller verteilen und mit Melonenschnitzen und Sahnehäufchen garnieren.
Dazu schmecken Mokkakekse besonders gut.

## Apfel-Kiwi-Salat mit Eis

4 Portionen à ca.
1060 kJ (255 kcal)

**4 säuerliche Äpfel,
3 Kiwis,
15 g Zucker,
Saft von 1 Zitrone,
2½ EBl. Anislikör,
½ Packung Mandel-Karamel-Eiskrem
(250 ml),
Pulverkaffee
zum Bestreuen.**

Äpfel schälen, vierteln, Kerngehäuse entfernen, Apfelstücke raffeln. Kiwis schälen, Kerne entfernen, Fruchtfleisch in Scheiben schneiden.
Schnell den Zucker über die Früchte streuen, mit dem Zitronensaft beträufeln. Anislikör darübergießen, alles mit einer Gabel vorsichtig vermengen.
Je 1 Kugel Eiskrem in die Mitte eines jeden Portionstellers setzen und mit Kaffeepulver bestreuen. Den Salat um die Eiskugel anrichten.
Dazu Eiswaffeln reichen.

Obstsalat „Weingarten"

Apfel-Kiwi-Salat mit Eis

# Ratgeber für den Einkauf

Ein gutes Rezept und Liebe zum Kochen sind unentbehrliche Voraussetzungen, um eine gelungene Speise auf den Tisch zu bringen. Sie allein genügen aber nicht – ebenso wichtig ist die Qualität der Waren, die für die Zubereitung verwendet werden. Unser kleiner Ratgeber gibt einige Tips, die man beim Einkauf beachten sollte.

## Artischocken

Beim Einkauf sollten Sie darauf achten, daß die Artischocke ein sehr sattes Grün aufweist. Die Knospen sollen geschlossen und die Blätter noch nicht braunrandig sein. Eine wichtige Regel: Je dicker der Stiel, desto fleischiger ist die Artischocke. Nur die ersten Knospen der Pflanze haben wirkliche Qualität – je mehr die Artischocke dann nachtreibt, desto dünner werden die Stiele (Hauptzeit: Oktober bis Mai).

## Avocados

Avocados müssen zum Verzehr voll ausgereift sein. Man kauft sie deshalb am besten einige Tage vor der geplanten Verwendung und läßt sie bei Zimmertemperatur nachreifen. Soll der Reifeprozeß aber schneller gehen, werden die Früchte in Folie eingewickelt. Zur Probe drückt man vorsichtig mit Daumen und Zeigefinger am Stielende der Frucht. Sie ist reif, wenn das Fruchtfleisch elastisch nachgibt. Reife Früchte halten sich im Gemüsefach des Kühlschranks noch zwei bis drei Tage. Auf keinen Fall einfrieren, dann werden die Früchte ungenießbar.

## Champignons

Die Champignons sollte man nicht nur mit den Augen kaufen. Die so schön und appetitlich aussehenden Weißen sind geschmacklich am unergiebigsten. Ganz allgemein kann man sagen: Je dunkler und größer der Pilz, desto aromatischer schmeckt er. Allerdings darf der Champignon beim Kauf nicht ‚lederig' sein. Besonders schmackhaft, wenn auch nicht von verführerischem Aussehen, ist der braune Egerling, auch Steinpilz-Champignon genannt.

## Currypulver

Currypulver ist eine Gewürzmischung aus manchmal mehr als 20 verschiedenen Gewürzen. Jede einzelne Mischung schmeckt, je nach Hersteller, etwas anders. Curry mit dem Zusatz „Madras" ist in der Regel besonders scharf. Wer viel Curry verwendet, sollte 2 verschiedene Sorten, eine scharfe und eine etwas mildere, im Regal stehen haben.

## Feigen

Frische Feigen werden bei uns in zwei Sorten angeboten: Gelbe mit weißlichem Fruchtfleisch und violette mit dunkel-rötlichem Frucht-

fleisch. Die erste Sorte besitzt mehr Fruchtsäure, die zweite ist intensiv süß. Wenn die dunkle Art voll ausgereift ist, kann ihr Aroma für unser Geschmacksempfinden leicht zu intensiv und aufdringlich werden.
Hauptsaison für Feigen ist im September. Dann kommen die Früchte aus Italien, Südfrankreich und Spanien auf den Markt. Delikateßgeschäfte führen auch im Winter frische Feigen, die aus Brasilien eingeführt werden.

## Handelsklassen

Der wichtigste Rat für den Einkauf: Fallen Sie nicht auf die Einteilung in Handelsklassen herein! Die Handelsklasse sagt gar nichts über die wirkliche Qualität einer Ware aus. Die Einstufung bezieht sich ausschließlich auf das Aussehen. So schmeckt z. B. ein deutscher Apfel mit ungleichmäßiger und unterschiedlich gefärbter Schale meistens viel aromatischer als ein ausländischer, der nur wegen seiner gleichmäßigen Schalenfärbung in die Handelsklasse I eingestuft wird.

## Hummerkrabben

Sie haben inzwischen eine neue „offizielle" Bezeichnung. Sie werden jetzt als „Prawns" oder „Großgarnelen" verkauft. Da es meist sehr lange dauert, bis sich eine geänderte Bezeichnung auf dem Markt durchsetzt, finden Sie in unseren Rezepten noch das geläufige Wort „Hummerkrabben".

## Ingwer

Seit einiger Zeit gibt es bei uns nicht nur konservierten Ingwer, sondern auch frische Ingwerwurzeln. Sie kommen hauptsächlich aus Kenia, Brasilien und – die beste Sorte – aus Malaysia. Achten Sie beim Kauf darauf, daß die Haut etwas seidig glänzt und schön glatt und nicht verschrumpelt ist. Wenn Sie gute Ware entdeckt haben, sollten Sie gleich reichlich kaufen. Die Wurzelknollen halten sich längere Zeit, wenn Sie sie in einen Blumentopf mit Erde stecken und an einen kühlen Platz stellen. Die Erde sollte hin und wieder befeuchtet werden.

## Kapern

Kapern sind nicht gleich Kapern. Es gibt fünf verschiedene Größen. Je kleiner, desto besser sind Kapern im Geschmack. Die wertvollste Sorte sind die kleinen, zarten „Nonpareilles".

## Knoblauch

Nur im Frühsommer gibt es so richtig frischen, knackigen Knoblauch. Sind die Zehen schon etwas trocken geworden, so legt man sie vor Gebrauch kurz in kochendes Salzwasser und schreckt sie dann mit kaltem Wasser ab. Den bei älteren Zehen vorhandenen grünlichen Keim sollte man entfernen, da er vor allem für den Geruch nach dem Genuß verantwortlich ist.

## Kokosmilch

Kokosmilch kann man als Konzentrat kaufen, das jedoch meistens gesüßt ist. Zur Selbstgewinnung empfiehlt sich diese Methode: Ca. 100 g frisch geraspeltes Kokosfleisch mit ¼ Liter kochendem Wasser übergießen. Das Kokosfleisch einen halben Tag quellen lassen und dann fest auspressen.

## Krebse

Im Angebot überwiegen grau-braune Krebse aus der Türkei und den Ostblockstaaten. Viel schmackhafter ist aber die ehemals einheimische Art: Krebse, deren Beine und Scheren auch bei lebenden Tieren innen rot leuchten. Mit etwas Glück kann man diese „Rotfüße" auch bei uns wieder auftreiben.

## Madeira

Früher war Madeira ein sehr beliebter Dessertwein, der hocharomatisch und gar nicht süß sein mußte. Heute gehört Madeira zu den beliebtesten alkoholischen Rezeptzutaten, wenn sich auch zum Kochen vor allem Madeira in Miniflaschen den Markt erobert hat, dessen Qualität aber in vielen Fällen zu wünschen übrig läßt. Für das Zubereiten von Speisen ist wie beim Sherry eine trockene Sorte am besten geeignet. Darum empfiehlt es sich, eine große Flasche besserer Qualität zu kaufen, zumal sich Madeira auch angebrochen jahrelang hält.

## Mandeln

Mandeln sollte man ausschließlich in der Schale kaufen. Sie sind frischer und saftiger. Man braucht die ungeschälten Mandeln nur heiß zu überbrühen und 5 Minuten im Wasser liegen lassen, dann läßt sich der Kern ohne Mühe aus der Schale drücken und weiterverarbeiten.

## Melonen

Man unterscheidet zwei große Gruppen: Wasser- und Zuckermelonen. Für Salate und als Beilage oder Garnierung von Fleischgerichten wird am häufigsten die Ogen- oder Honigmelone gekauft. Würziger und intensiver im Geschmack ist aber die „Cavaillon"-Melone mit orange-gelbem Fruchtfleisch. Alle drei Sorten gehören zur Familie der Zuckermelonen.

## Öl

Für die Zubereitung von Speisen sollte man nur Öl bester Qualität verwenden, am besten ein kalt gepreßtes. Olivenöl eignet sich nur für bestimmte Gerichte, da es einen stark ausgeprägten Eigengeschmack hat, der nicht zu jeder Speise paßt. Für eine Öl-Butter-Mischung z. B. für das Braten von dunklem Fleisch, das zum raschen Schließen der Poren große Hitze benötigt, sollte man stets nur geschmacksneutrales Öl wie z. B. Öl aus Sonnenblumenkernen verwenden.

## Paprikapulver

Die mildeste und feinste Sorte ist der leuchtendrote „Delikateß-Paprika". Schärfer ist der „Edelsüß-Paprika", dann folgt der „Halbsüß"- und „Rosenpaprika". Der Name Rosenpaprika hört sich zart an, doch ist diese Sorte durch das Vermahlen der Samen und Trennwände der Frucht am schärfsten.

## Petersilie

Im allgemeinen wird bei uns „krause" Petersilie bevorzugt gekauft. Sie eignet sich auch besonders gut für alle Garnierungen. Zum Kochen ist jedoch die „glatte" Petersilie besser geeignet, da sie im Geschmack intensiver ist.

## Schalotten

„Richtige" Schalotten werden bei uns nur selten angeboten und sind zudem recht teuer. Die rundliche, graue Sorte ist besser als die längliche mit violetter Schale. Oft werden Frühlingszwiebeln als Schalotten verkauft. Wegen ihres hohen Wassergehalts eignen sie sich jedoch nicht so gut zum Anbraten. Roh sind sie aber als Salatzutat sehr schmackhaft.

## Sojasauce

Die Sauce schmeckt je nach Herkunftsland und Hersteller sehr unterschiedlich. Mal süßer, mal salziger. Wenn Sie diese aromatische Würzsauce gern und oft verwenden, sollten Sie verschiedene Geschmacksrichtungen vorrätig haben. Es gibt japanische, chinesische und indonesische Sojasaucen.

## Spargel

Frischen Spargel erkennt man an glatter Haut und glatten hellen Schnittflächen ohne ausgefranste Enden. Beim Auseinanderschlagen sollen die Stangen „klingen". Sie dürfen nicht weich und biegsam sein.

## Vanille

Sie wird als Kapsel (Schote), Essenz oder Extrakt angeboten. Eine gute Qualität ist die „Bourbon"-Vanille von der Inselgruppe um Madagaskar. Sie wird auch bei uns am meisten gehandelt.
Die Industrie stellt Vanillezucker meist mit synthetischen Aromastoffen her. Die Selbstfabrikation ist ganz einfach und preiswert: Die Vanillekapsel aufschlitzen, das Mark mit einem Messer herauskratzen und beides in ein Glas geben und mit reichlich Zucker bedecken. In dem gut verschließbaren Glas aufbewahren.

## Zucchini

Trotz ihrer Ähnlichkeit mit Gurken sind Zucchini eine Kürbisart. Für den Einkauf gilt auch hier: Je kleiner, desto feiner! Zucchinis werden gelegentlich auch unter dem Namen „Zucchettis" angeboten oder mit der französischen Bezeichnung „Courgettes".

# Alphabetisches Rezeptverzeichnis

## A

| | |
|---|---|
| Angels on horseback | 75 |
| Apfel-Kiwi-Salat mit Eis | 136 |
| Appetithäppchen, bunte | 106 |
| Aprikosen-Mousse | 127 |
| Artischockenböden mit Leber-Mousse | 119 |
| Artischocken-Spargel-Salat | 23 |
| Auberginen, gratinierte | 43 |
| Austern-Cocktail ,,Daniel'' | 28 |

## B

| | |
|---|---|
| Babysteinbutt in Zitronensoße | 84 |
| Bananenpudding, warmer | 134 |
| Bananensalat ,,Martinique'' | 31 |
| Beef Tea | 19 |
| Bleichsellerie mit Roquefortfüllung | 107 |
| Blinis mit Kaviar | 55 |
| Bouillon mit buntem Eierstich | 12 |
| Bratensülze im Teller | 72 |
| Brennendes Alaska | 130 |
| Bunte Appetithäppchen | 106 |
| Bunte Suppe ,,Hongkong'' | 10 |

## C

| | |
|---|---|
| Cervenner Roquefort-Toast | 46 |
| Champagner-Sorbet mit Himbeeren | 134 |
| Consommé double | 15 |
| Coquilles St. Jacques au gratin | 44 |

## D

| | |
|---|---|
| Datteln, gefüllte | 111 |
| Delikater Putersalat | 26 |
| Dolmas | 62 |

## E

| | |
|---|---|
| Eierpudding mit grünem Pfeffer | 127 |
| Eier-Toast ,,Draco'' | 43 |
| Entenbrust mit Artischockensalat | 66 |
| Erbsentorte mit Minze | 86 |
| Erdbeerbrot, ,,scharfes'' | 78 |
| Erdbeersalat mit Portweingelee | 35 |

## F

| | |
|---|---|
| Feigen ,,Lukullus'' | 38 |
| Feiner Wildsalat | 22 |
| Feinschmeckersalat | 28 |
| Fenchelsuppe ,,Ostia'' | 14 |
| Fisch-Mais-Salat | 118 |
| Fischplatte ,,Maritim'' | 60 |
| Fischsalat ,,Moderne Art'' | 39 |
| Fischsuppe ,,Sylt'' | 19 |
| Fisch-Trauben-Salat | 38 |
| Fleischbällchen in pikanter Soße | 95 |
| Fleischtörtchen, pikante | 111 |
| Fleischvögelchen | 115 |
| Forellen in Aspik | 91 |
| Forellen-Toast | 50 |
| Französische Zwiebelsuppe | 11 |
| Frische Feigen in Himbeersirup | 132 |
| Fürsten-Toast | 50 |

## G

| | |
|---|---|
| Gänseleber-Parfait mit Hummermayonnaise | 59 |
| Gebackene Radieschen | 108 |
| Geflügelleber mit Weinbeeren | 79 |
| Geflügel-Obst-Sülzchen | 72 |
| Geflügel-Reis-Salat | 118 |
| Gefüllte Datteln | 111 |
| Gefüllte Madeira-Wachteln | 71 |
| Gefüllte Windbeutelchen | 107 |
| Gestopfter Gänsehals | 70 |
| Gratin ,,Dauphinois'' | 42 |
| Gratinierte Auberginen | 43 |
| Grüner Spargel mit Champignons | 23 |

## H

| | |
|---|---|
| Hasenkeulen ,,Kreta'' | 103 |
| Hasenterrine, würzige | 100 |
| Hechtklößchen | 74 |
| Herzhafter Kiwi-Toast | 51 |
| Hippenblüten mit Erdbeereis | 128 |
| Hühnerbrüstchen im Speckmantel | 88 |
| Hummer-Cocktail | 30 |

## I

| | |
|---|---|
| Indische Kokosnußkugeln | 115 |

## K

| | |
|---|---|
| Käse-Birnen-Törtchen | 51 |
| Käse-Gugelhupf garniert | 112 |
| Käsekugeln auf orientalische Art | 123 |
| Kalbsbratenröllchen mit Thunfischcreme | 114 |
| Kalbsbries in Salatblättern | 96 |
| Kalbshirn, überkrustetes | 42 |
| Kalbsnieren in Knoblauchsoße | 96 |
| Kalte russische Rahmsuppe | 18 |
| Kalte Schweinefleischröllchen | 79 |
| Kartoffel-Schnecken-Soufflé | 68 |
| Kaviar-Schlemmerplatte | 120 |
| Kaviar-Sorten | 120 |
| Kaviar-Tomaten | 75 |
| Kiwi-Toast, herzhafter | 51 |
| Klare Oxtail mit Häubchen | 10 |
| Knusperoliven | 122 |
| Kokosnußbananen ,,Pedro'' | 64 |
| Kokosnußkugeln, indische | 115 |
| Krabben-Avocado-Salat | 30 |
| Krebseier, skandinavische | 62 |
| Krebsschwanz-Cocktail | 27 |
| Küken mit Spargel | 90 |

## L

| | |
|---|---|
| Lachseier mit Erbsen | 88 |
| Lachs in Estragonsoße | 103 |
| Lammfleischsalat ,,Exquisit'' | 34 |
| Langusten ,,Doria'' | 58 |
| Lavendelcreme | 126 |
| Liebstöckelschnecken | 76 |
| Lucca-Augen | 119 |

## M

| | |
|---|---|
| Madeira-Wachteln, gefüllte | 71 |
| Makrelen mit Stachelbeersoße | 82 |
| Matjesfilets mit grünen Bohnen | 102 |
| Matjes mit Himbeersahne | 36 |
| Melonen-Parfait ,,Surprise'' | 128 |
| Melonen-Schinken-Salat | 32 |
| Mousse au chocolat | 131 |
| Mousse au Coquilles St. Jacques | 66 |
| Mousse au fromage | 76 |
| Mulligatawny | 16 |
| Muscheln in Knoblauchbutter | 56 |
| Muscheln ,,Junge Gärtnerin'' | 56 |

## N

| | |
|---|---|
| Nußpfirsiche | 131 |

## O

| | |
|---|---|
| Obstsalat ,,Weingarten'' | 136 |
| Orangen mit Pfefferminzlikör | 132 |
| Oxtail mit Häubchen, klare | 10 |

## P

| | |
|---|---|
| Palmenherzen ,,Brasilia'' | 27 |
| Paprikawurst im Teig | 114 |
| Pfirsich-Käse-Happen | 119 |
| Pikante Fleischtörtchen | 111 |
| Pistaziencreme | 126 |
| Preiselbeerpastete mit Käse | 122 |
| Putenrouladen ,,India'' | 94 |
| Putersalat, delikater | 26 |

## Q

| | |
|---|---|
| Quiche Lorraine | 102 |

## R

| | |
|---|---|
| Radieschen-Apfel-Salat | 108 |
| Radieschen, gebackene | 108 |
| Radieschen in Currysoße | 110 |
| Radieschenbutter | 110 |
| Radieschenpüree | 108 |
| Rinderfilets „Jerez" | 63 |
| Roastbeefröllchen mit Radieschencreme | 110 |
| Rogen, sautierter | 78 |
| Roquefortbirnen auf Steaks | 83 |
| Roquefort-Toast, Cervenner | 46 |
| Russische Rahmsuppe, kalte | 18 |

## S

| | |
|---|---|
| Salat „Excellent" | 22 |
| Salat „Nouvelle" | 24 |
| Salbeisardellen | 54 |
| Saltimbocca Romana | 99 |
| Sardinensalat „Algarve" | 26 |
| Sauerampfer-Soufflé | 68 |
| Sautierter Rogen | 78 |
| „Scharfes" Erdbeerbrot | 78 |
| Schildkrötensuppe „Lady Curzon" | 44 |
| Schinken in Avocadokruste | 116 |
| Schnecken „Burgund" | 54 |
| Schneckenragout in Wein-Nuß-Creme | 99 |
| Schneckensüppchen | 11 |
| Schweinefilet mit gefüllten Artischockenböden | 94 |
| Schweinefleischröllchen, kalte | 79 |
| Seezungen-Timbale | 83 |
| Skandinavische Krebseier | 62 |
| Sommersalat „Variation" | 32 |
| Soufflé „Walterspiel" | 135 |
| Spargel mit Champignons, grüner | 23 |
| Spargel mit Hummerkrabben | 64 |
| Spargelsuppe „Feinschmecker" | 16 |
| Steinpilze mit Schinkenfüllung | 59 |
| Steinpilzsalat „Gourmet" | 31 |
| Suppe „Diana" | 14 |
| Suppe „Hongkong", bunte | 10 |

## T

| | |
|---|---|
| Täubchen „Arosa" | 87 |
| Thunfisch-Pâté | 67 |
| Thunfischsteaks mit Tomaten | 82 |
| Thunfisch-Toast „Delhi" | 48 |
| Toast mit Avocadocreme | 48 |
| Toast „Oranien" | 46 |
| Toast Tatar | 47 |
| Tomaten mit Mozzarella | 24 |
| Traubensalat mit Schnittlauch | 35 |
| Truthahn-Gemüse-Pie | 92 |

## U

| | |
|---|---|
| Überkrustetes Kalbshirn | 42 |

## V

| | |
|---|---|
| Venusmuscheln in Weißwein | 86 |

## W

| | |
|---|---|
| Wachteleier auf Kresse | 123 |
| Warmer Bananenpudding | 134 |
| Wildpastetchen | 47 |
| Wildsalat, feiner | 22 |
| Windbeutelchen, gefüllte | 107 |
| Würzige Hasenterrine | 100 |

## Z

| | |
|---|---|
| Zabaione | 135 |
| Zwiebelsuppe, französische | 11 |

Bildquellen:
C. P. Fischer: Seite 65
Meine Familie & ich: Seiten 13 (oben), 25 (unten), 33 (unten), 37, 69, 97, 109, 113 (oben), 124/125, 129 (oben)
Studio Lauert: Seiten 4/5, 8/9, 20/21, 25 (oben), 40/41, 45, 49, 52/53, 80/81, 104/105